두뇌놀이
힐링된다

100개!

식물로 그림자 찾기, 다른 그림 찾기 등

그림·구성 홍수미

Raspberry 라즈베리

들풀, 담쟁이덩굴, 화초, 화단, 담벼락 등 자연의 사진이나 그림 속의 두뇌놀이 문제를 풀어보세요. 총 100개의 문제가 준비되어 있습니다. 문제를 풀지 않을 때는 빈 곳에 그림을 그려보거나 글을 써 보세요. 자신만의 특별한 힐링책이 될 것입니다.

관찰력　　**집중력**　　**기억력**　　**논리력**　　**직관력**

그림자 찾기
제시된 들풀 그림의 그림자를 찾아 번호를 쓰는 문제입니다.

다른 부분 찾기
두 사진을 비교하여 다른 부분 5곳을 찾는 문제입니다.

없어진 그림 찾기
두 그림을 비교하여 없어진 그림 하나를 찾는 문제입니다.

다른 그림 찾기
두 그림을 보고 서로 다른 8군데를 찾는 문제입니다.

간단한 트레이닝으로 그림 완성하기
간단하게 그림 연습을 한 후 일상의 한 장면에 직접 활용해 보는 문제입니다.

같은 그림 찾기
보기와 같은 그림 1개를 찾아 그 번호를 쓰는 문제입니다.

소근육 발달 **창의적 사고력** **공간 지각 능력** **형태 지각 능력**

남은 시간 맞추기
거꾸로 된 전자시계의 시간을 보고 주어진 문제를 푸는 문제입니다.

숫자 퍼즐 스도쿠
가로, 세로칸에 1~9까지의 숫자를 겹치지 않게 배열하는 문제입니다.

그림 퍼즐 스도쿠
가로, 세로칸에 〈보기〉의 그림을 겹치지 않게 배열하는 문제입니다.

숨은 그림 찾기
그림 속에서 제시된 그림을 찾는 문제입니다.

숨은 글자 찾기
섞여 있는 글자 중 제시된 단어를 찾는 문제입니다.

숨은 숫자 찾기
가로, 세로, 대각선, 똑바로, 거꾸로도 나열되어 있는 제시된 숫자를 찾는 문제입니다.

몸풀기 문제 "누구라도 10초면 풀 수 있다!"

❶ 달라진 부분 찾기 (3곳에 동그라미 하세요.)

 →

❷ 수염 그리기 (〈보기〉처럼 그림에 수염을 그려주세요.)

〈보기〉

❸ 그림자 찾기 (〈보기〉의 그림자를 찾아주세요.)

정답: _____

〈보기〉

❹ 반전 달라진 부분 찾기 (3곳에 동그라미 하세요.)

❺ 사진에서 달라진 부분 찾기 (3곳에 동그라미 하세요.)

❻ 웃는 얼굴에 동그라미 하세요. (웃는 얼굴은 5개)

→ 몸풀기는 끝. 본 문제를 풀어봅시다. ☺

 ## 그림자 찾기

들풀의 이름은 〈큰까치수염〉이에요. 작은 꽃이 앙증맞은 〈큰까치수염〉의 그림자를 찾아주세요.

 월 일

풀이시간 3분

 큰까치수염은 산과 들의 햇볕이 잘 드는 풀밭, 경사 지대, 습한 토양에서 자랍니다.
흰색의 작은 꽃은 6~8월에 핍니다.

〈정답〉

놀이 1
002

그림자 찾기

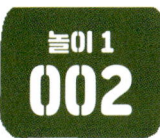

들풀의 이름은 〈산수국〉이에요. 꽃이 크고 화려한 〈산수국〉의 그림자를 찾아주세요.

월 일

풀이시간 3분

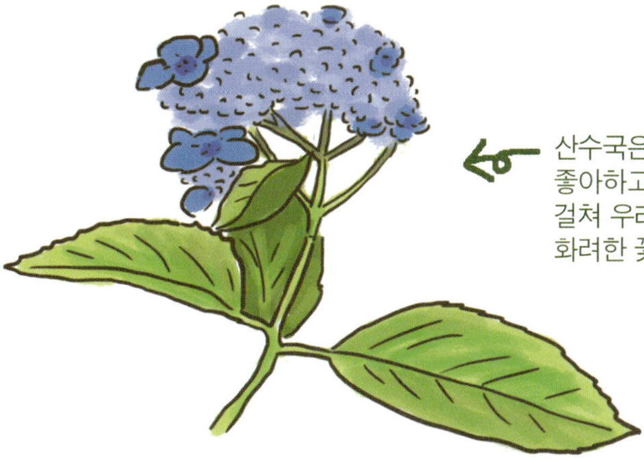

산수국은 산에서 자라는 수국이라는 뜻으로, 습기가 있는 물가를 좋아하고 열매 모양이 그릇을 닮았습니다. 6월 하순부터 8월에 걸쳐 우리나라 중부 이남의 산야에서 다양한 색깔로 피는 화려한 꽃입니다.

〈정답〉

1

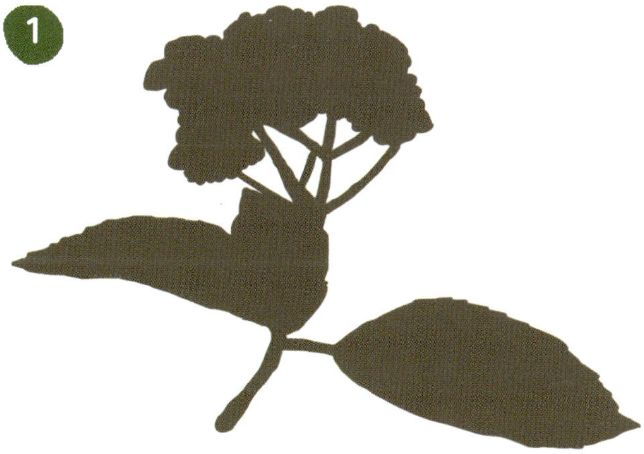

2

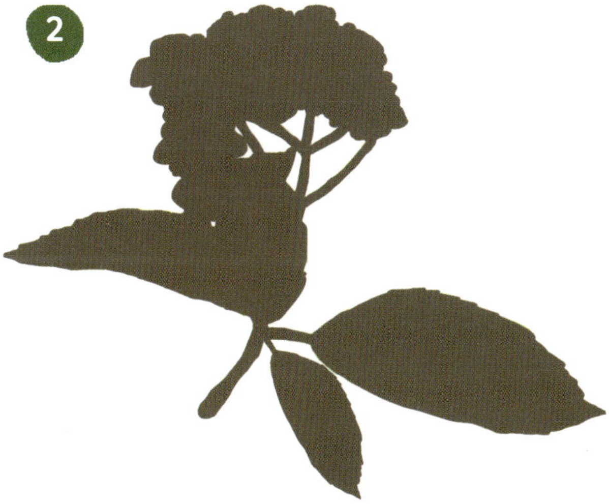

3

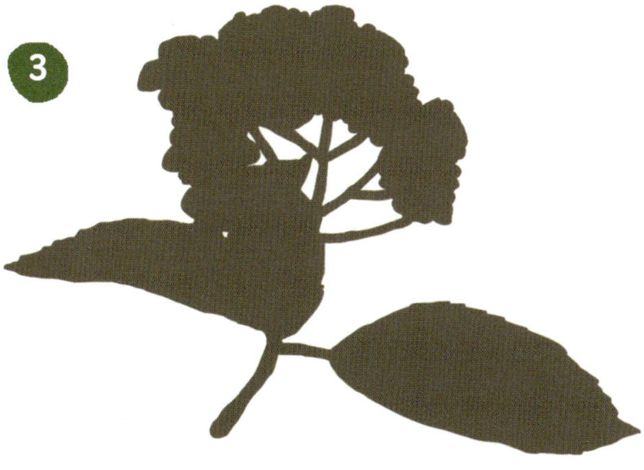

4

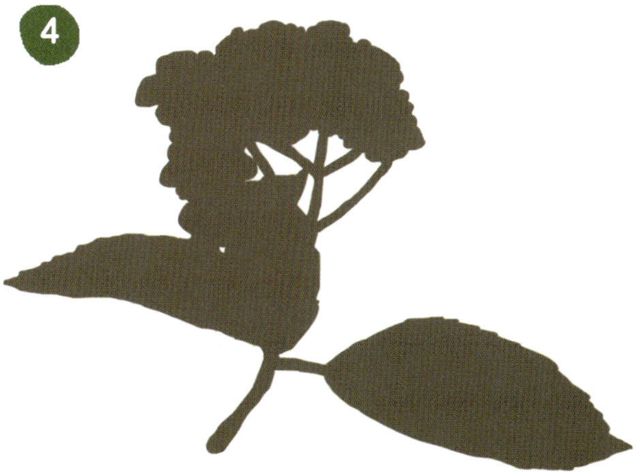

놀이 1 · 003 다른 부분 찾기

코스모스가 시골을 떠올리게 한다면 장미는 도시적인 이미지가 있는데 여러분은 어떠세요? 위 아래 사진에서 다른 부분 5곳을 찾아보세요.

월 일
풀이시간 3분

 **다른 부분 찾기**

담쟁이덩굴이 벽을 타고 올라가는 모습을 보면 벽에 초록색 그림을 그린 것처럼 보입니다. 위 아래 사진에서 다른 부분 5곳을 찾아보세요.

 월 일

풀이시간 3분

 ## 없어진 그림 찾기

식물을 키울 때 필요한 다양한 도구들이 모여 있어요. 아래 그림에서 없어진 도구 하나를 찾아보세요.

 월  일

풀이시간 3분

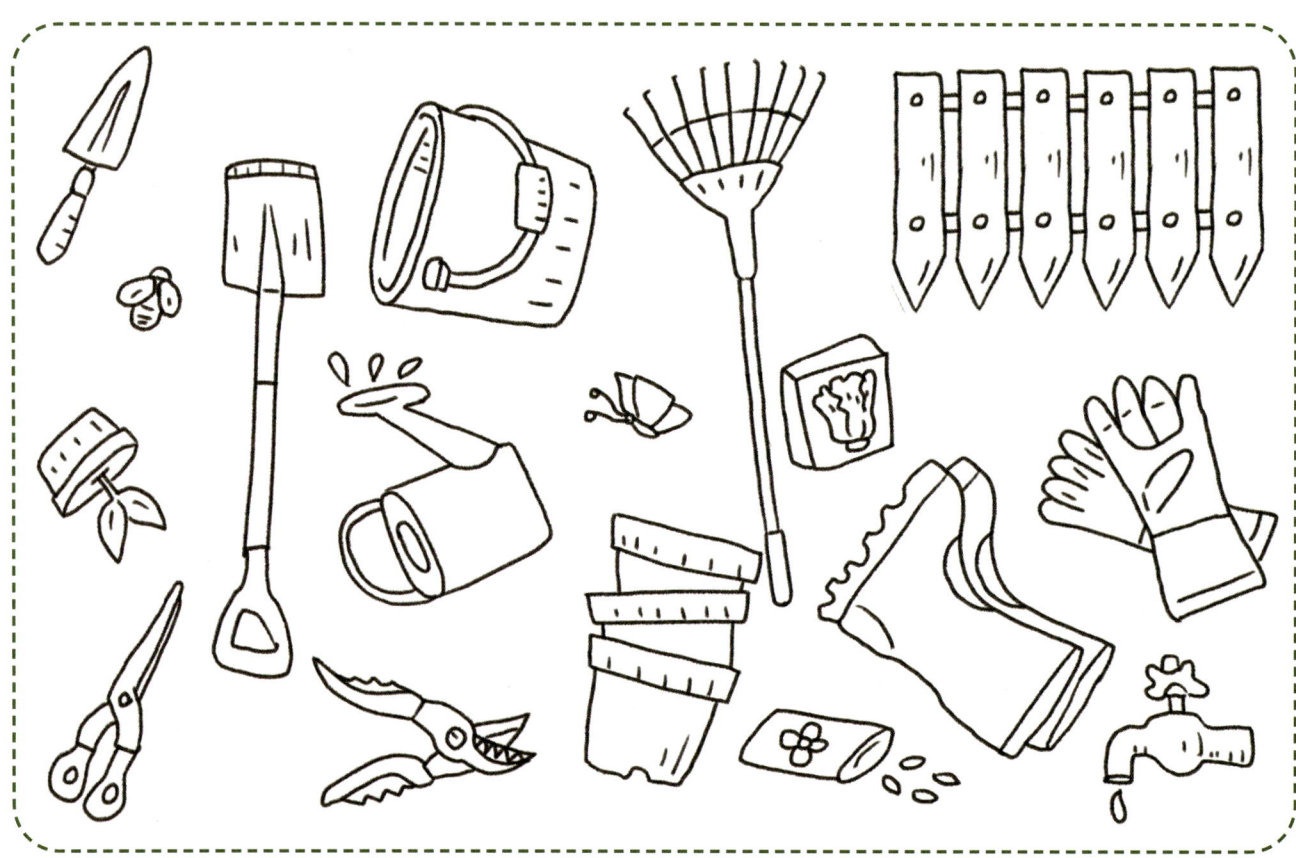

없어진 그림 찾기

나무 의자의 다리가 부러졌어요. 여러 가지 공구를 사용해서 의자를 고치려고 해요. 아래 그림에서 없어진 공구 하나를 찾아보세요.

 월 일

풀이시간 3분

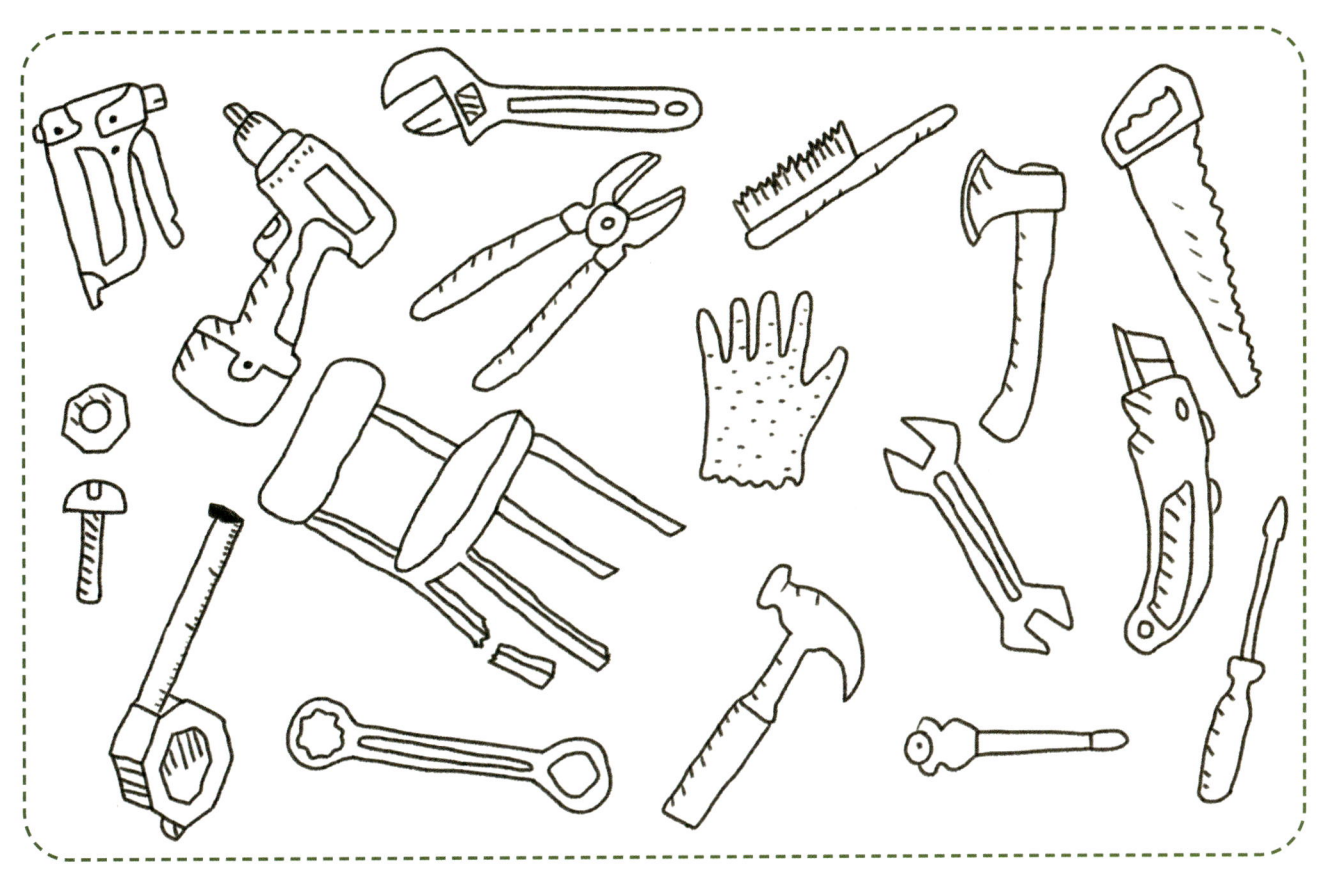

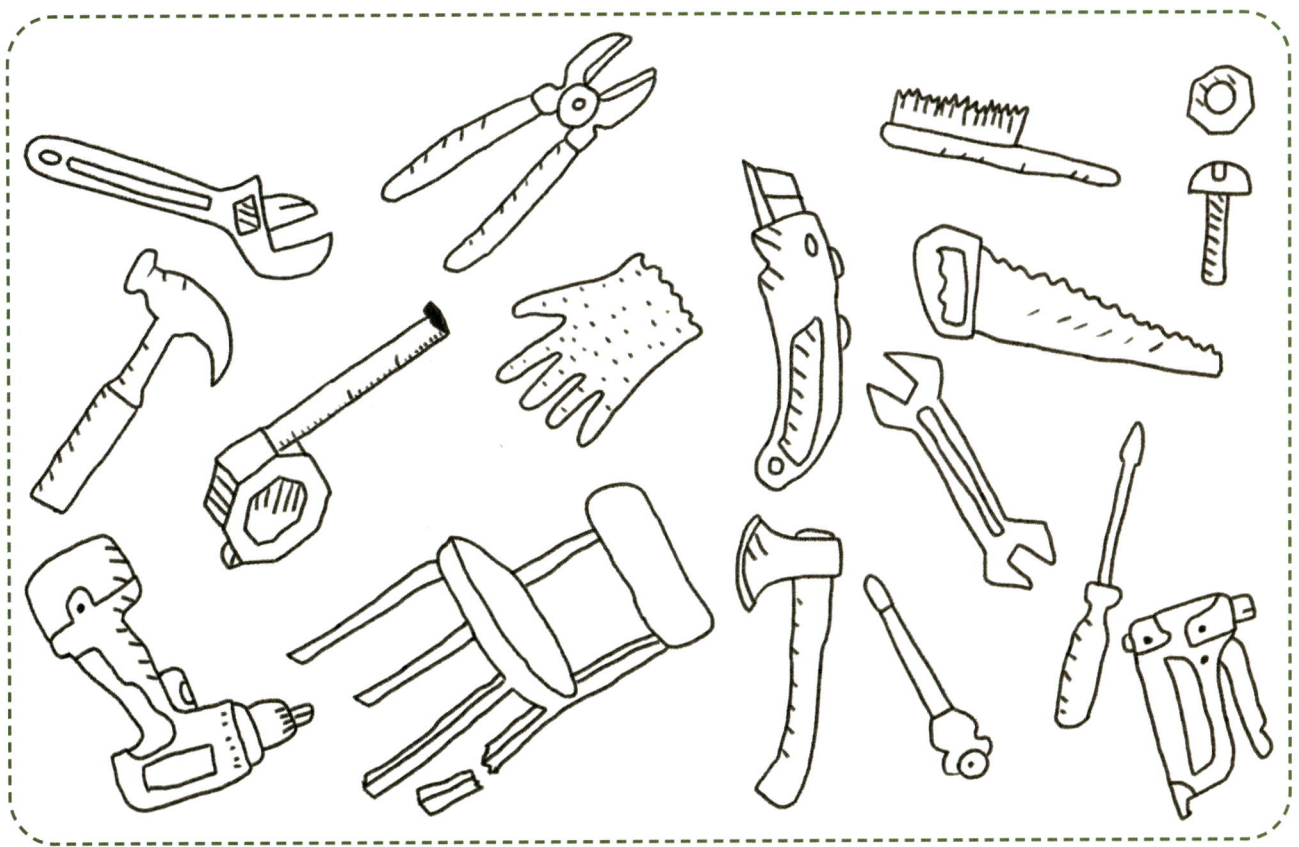

놀이 1 — 007 다른 그림 찾기

화단을 가꾸는 취미는 몸도 마음도 힐링을 시켜주지요. 아래 그림에서 달라진 8군데를 찾아보세요.

 월 일
풀이시간 3분

놀이 1 — 008 다른 그림 찾기

가까운 산에 올라가 보세요. 몸도 마음도 건강해지는 값진 시간을 내게 선물할 수 있어요. 아래 그림에서 달라진 8군데를 찾아보세요.

월 일
풀이시간 3분

간단한 트레이닝으로 그림 완성하기

 월 일

"집사야, 나랑 놀아줘라~" 냥이의 마음은 모르는 척, 지금은 식물과의 대화 시간.
3가지 그림을 트레이닝하고 아래 그림을 직접 완성해 주세요.

풀이시간 30분

<문제 1> 그리는 순서를 참고해서 따라 그려 보세요.

- 지갑
- 커피
- 커피메이커

<문제 2> <완성> 그림을 참고해 따라 그리기로 연습한 그림을 아래에 그려 넣어 완성해 주세요.
자유롭게 색칠도 해 보세요.

놀이 1 · 010 사진 기억하고 문제 풀기

귀여운 아기가 예쁜 드레스를 입고 환하게 웃고 있어요.
1분간 사진을 유심히 보고 뒷장에 있는 문제를 풀어보세요.

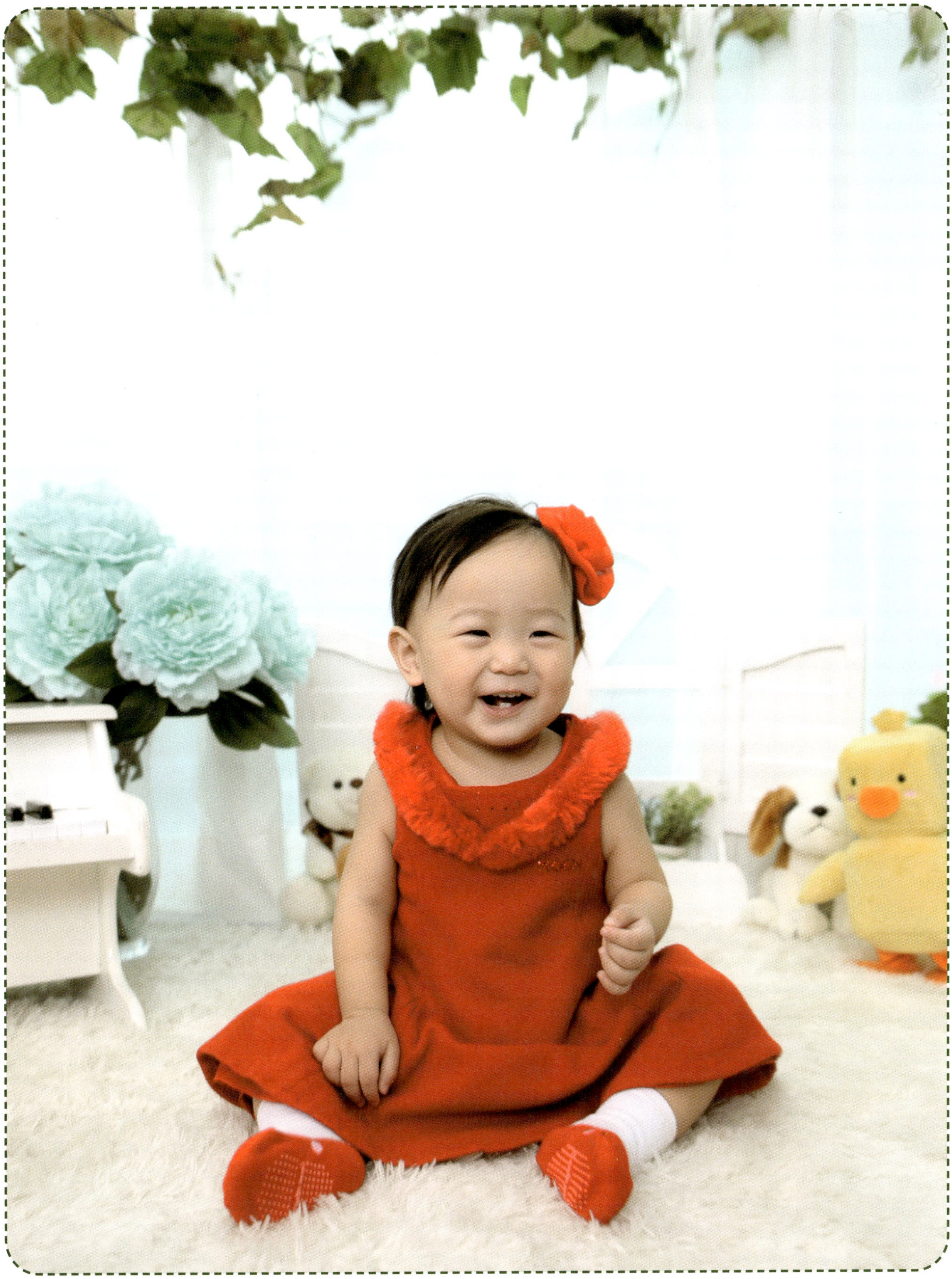

풀이시간 1분

10번 문제

앞장의 사진을 떠올리며 맞는 쪽에 동그라미 표시하세요.

① 아기는 머리에 빨간 리본을 달고 있다. (그렇다 아니다)
② 아기의 빨간 드레스 아랫단에는 흰색 레이스가 있다. (그렇다 아니다)
③ 아기의 오른쪽에는 강아지와 병아리 인형이 있다. (그렇다 아니다)

 **남은 시간 맞추기**
전자시계의 시간을 보고 <문제>를 맞춰보세요.

 월 일
풀이시간 10분

<문제 1> 거꾸로 된 전자시계의 시간을 읽어보세요. 오전 9시가 되려면 시간이 얼마나 지나야 할까요?

① 5시간 40분
② 50분
③ 1시간 30분
④ 160분

<정답>

<문제 2> 거꾸로 된 전자시계의 시간을 읽어보세요. 오후 4시 20분이 되려면 시간이 얼마나 지나야 할까요?

① 2시간 10분
② 125분
③ 23시간 05분
④ 185분

<정답>

숫자 퍼즐 스도쿠

1에서 9까지의 숫자를 겹치지 않게 채워 넣으세요.

풀이시간 40분

〈문제 1〉

2		7			9	4	1	
8		5		3				9
	6		2		1	8		3
6		2		4		1		5
	5	4	9				8	7
7		3			5	6		
3	2	8		9		5	6	
		6	5		8			2
5		1		2			4	8

〈문제 2〉

					9	4	7	
	4	9	7	1				
	3		2	4			9	
	1		8		2		6	9
6		2		9	3		8	
9		8				3		4
		5	6	3	1	8		2
4							9	7
2	8		9					6

놀이 1 013 숨은 그림 찾기

예쁜 꽃이 가득 피었어요. 그림 속에서 문제로 제시된 그림을 개수만큼 찾아주세요.

 월 일

풀이시간 4분

〈문제〉 토끼  5마리

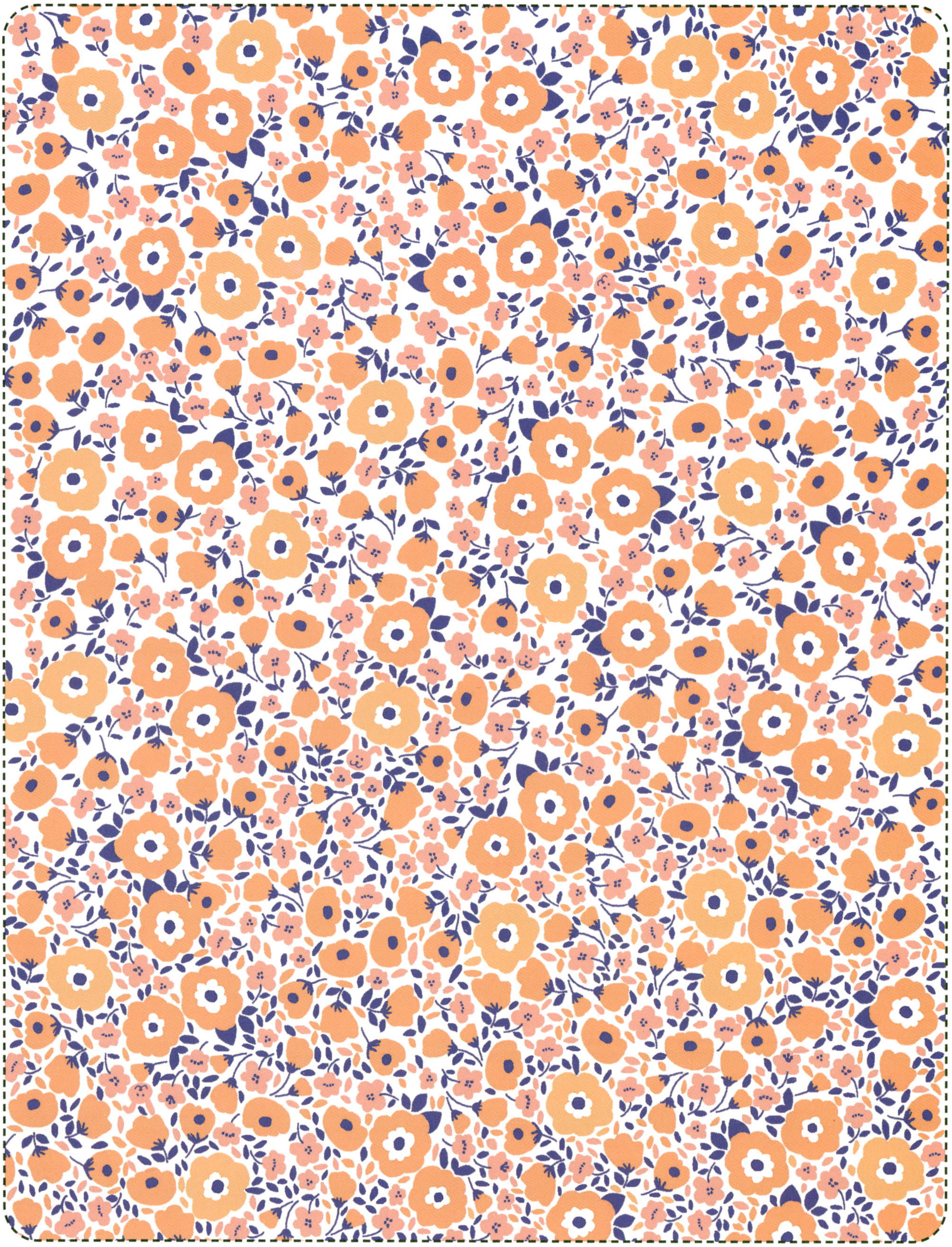

놀이 1 — 014 미로찾기

선인장에 빨간 꽃이 피었어요. 왼쪽 꽃에서 오른쪽 꽃까지 도착하는 미로를 풀어보세요.

 월 일

풀이시간 3분

놀이 1 — 015 같은 그림 찾기

화초에 물을 주고 있어요. 식물의 종류에 따라 물을 주는 방법도 제각각 다르답니다. <보기>와 같은 그림 하나를 찾아 번호를 적어보세요.

풀이시간 3분

<보기>

<정답>

같은 그림 찾기

놀이 1 · 016

맛있는 열매를 따고 있네요. 제철 과일은 무엇과도 바꿀 수 없는 보약이죠.
<보기>와 같은 그림 하나를 찾아 번호를 적어보세요.

월 일
풀이시간 3분

<보기>   <정답>

놀이 1
017

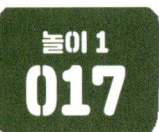

여러 그림 중 다른 그림 찾기

월 일

더운 여름엔 달고 시원한 수박이 반갑죠. 5개의 그림 중에 하나는 조금 다른 그림이에요. 다른 그림 1개를 찾아보세요.

풀이시간 5분

<정답>

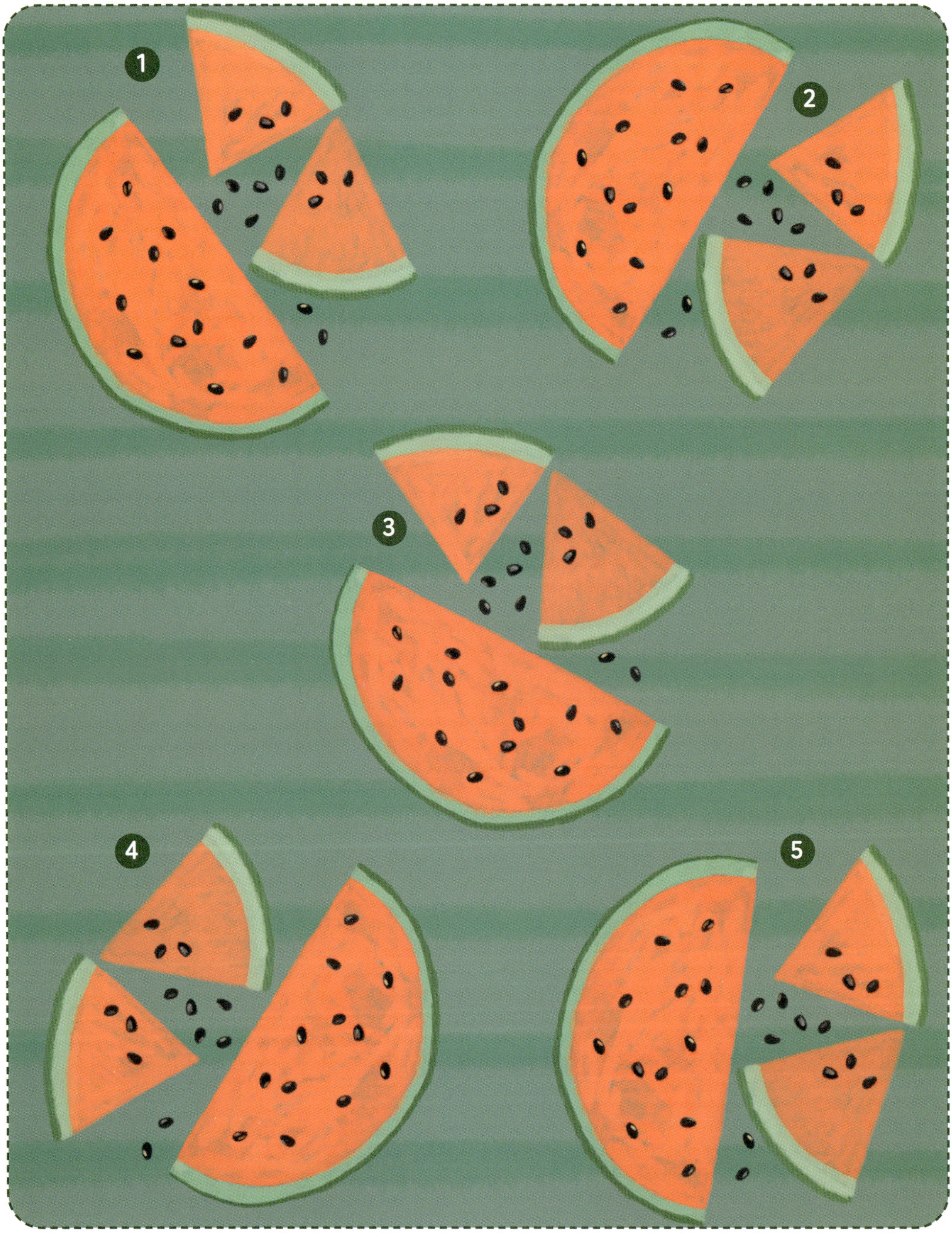

놀이 1
018

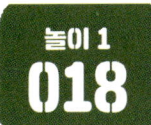

여러 그림 중 다른 그림 찾기

달콤한 도너츠는 최고의 디저트랍니다. 5개의 그림 중에 하나는 조금 다른 그림이에요. 다른 그림 1개를 찾아보세요.

월 일

풀이시간 5분

〈정답〉

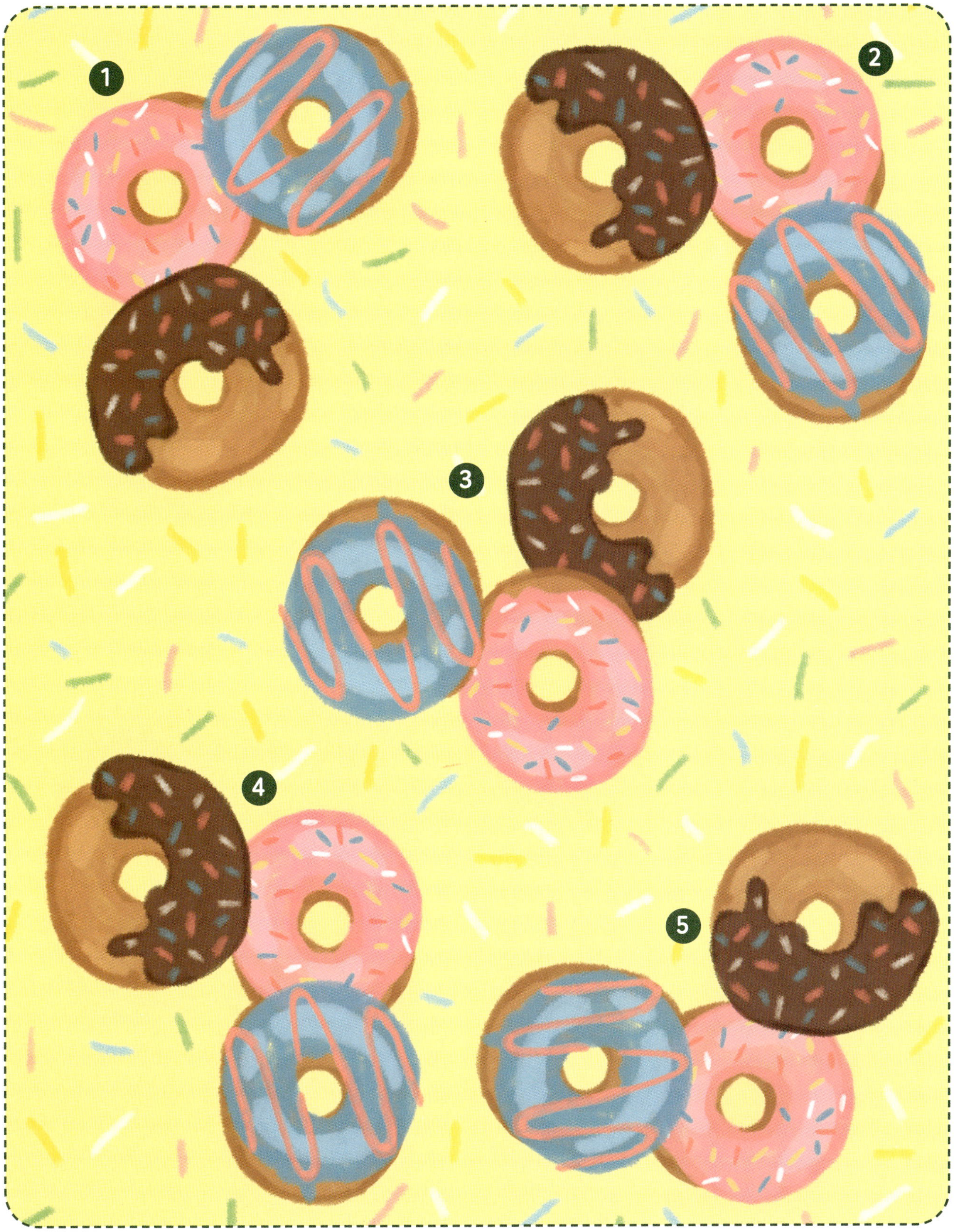

놀이 1 — 019 피라미드 계산 놀이

더하기와 빼기를 적용하여 빈칸에 들어갈 숫자를 찾아보세요.

<보기>

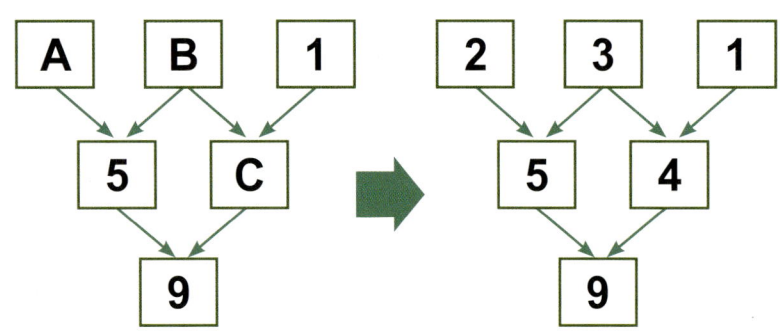

<문제 1>

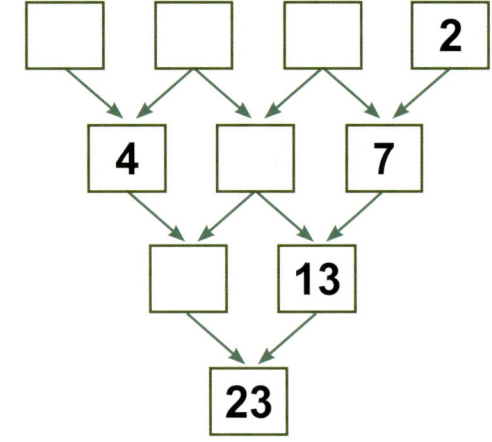

<문제 2>

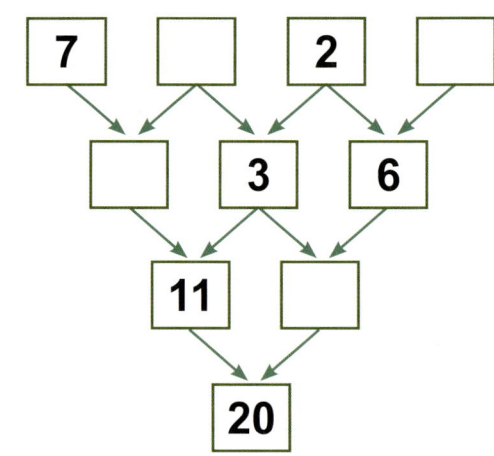

<문제 3>

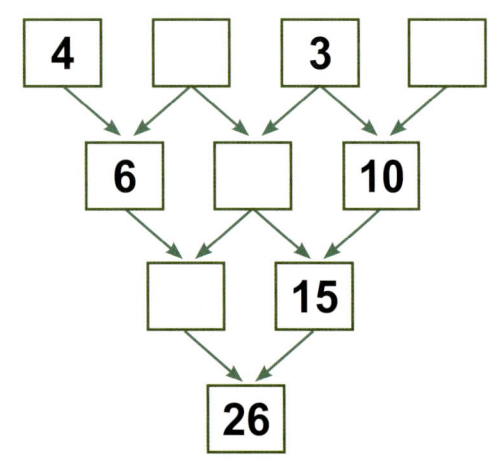

<문제 4>

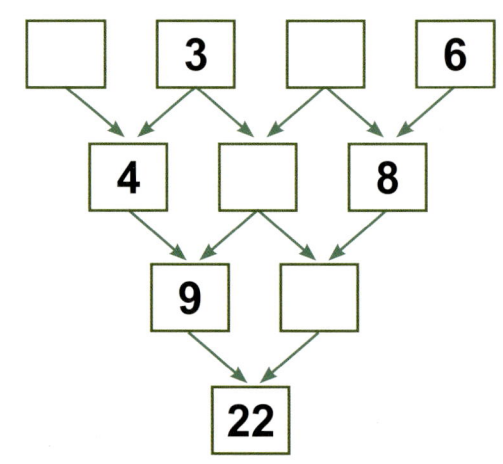

숫자 맞추기 퍼즐

가로와 세로의 문제를 풀어서 빈칸을 알맞은 숫자로 채워 넣으세요.

풀이시간 10분

<가로>
1. 6X5
3. 삼천팔백구십
5. 109+32
7. 7X5+3
8. 155-30
10. 삼백십오-십이
12. 칠천오백
13. 7X2-1
14. 1043+922

<세로>
1. 58-25
2. 2+2+2+2
4. 256X3+157
6. 9+9
7. 70X5
9. 510÷2
11. 25X25-124
12. 백십육-사십삼
13. 10X2-4

점 연결

점을 모두 연결해 하나의 고리로 만들어 주세요. 점은 가로와 세로로만 연결할 수 있고, 선이 서로 겹치면 안 돼요.

풀이시간 5분

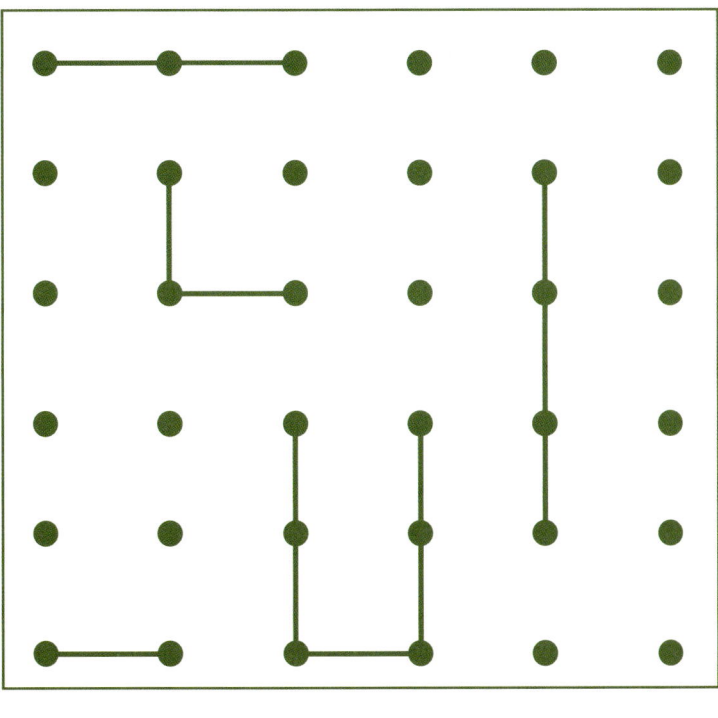

놀이 2 — 022 · 그림자 찾기

귀여운 청설모가 <가래나무> 열매를 먹고 있어요. 청설모와 <가래나무>의 그림자를 찾아주세요.

 월 일
풀이시간 3분

 가래나무과에 속하는 낙엽활엽교목으로 산기슭의 양지바른 곳에 자라며 열매는 '추자'라고 해요. '추자'는 속살을 먹는데 맛이 호두보다 더 고소하고 향긋하면서 덜 기름진 편이고 약성이 좋다고 합니다.

<정답>

①

②

③

④

놀이 2
023 그림자 찾기

들풀의 이름은 <만병초>예요. 진달래를 닮은 <만병초>의 그림자를 찾아주세요.

월 일
풀이시간 3분

진달랫과에 속하는 만병초는 해발 1000m가 넘는 고산지대의 습기가 많은 곳에서 잘 자라요. 키는 1m~4m 정도 자라며 줄기는 갈색이에요.
꽃은 7월에 피고 열매는 삭과로 9월에 익어요.
추위에 잘 견디지만 생장 속도가 느리고 공해에 약하답니다.

<정답>

1

2

3

4

놀이 2 — 024 다른 부분 찾기

옛 정취를 느낄 수 있는 한옥 골목이에요. 위 아래 사진에서 다른 부분 5곳을 찾아보세요.

 월 일

풀이시간 3분

 ## 다른 부분 찾기

맑은 공기를 위해 집안에 작은 식물원을 만들었어요. 위 아래 사진에서 다른 부분 5곳을 찾아보세요.

 월 일

풀이시간 3분

놀이 2 — 026 없어진 그림 찾기

귀여운 고양이들이 여러 마리 있어요. 아래 그림에는 없는 고양이를 찾아 위 그림에 동그라미 해 보세요.

월 일
풀이시간 2분

놀이 2 — 027 없어진 그림 찾기

장난꾸러기 강아지들이 잔뜩 있어요. 아래 그림에는 없는 강아지를 찾아 위 그림에 동그라미 해 보세요.

월 일
풀이시간 2분

놀이 2 · 028 다른 그림 찾기

신선한 재료로 건강하고 맛있는 야채수프를 만들어 먹어 보세요. 나를 위한 멋진 한 끼 식사랍니다. 아래 그림에서 달라진 8군데를 찾아보세요.

 월  일

풀이시간 4분

놀이 2 — 029 다른 그림 찾기

신나게 쇼핑을 하고 들어와서 화장도 지우지 못한 채 잠들었나봐요.
아래 그림에서 달라진 8군데를 찾아보세요.

월 일
풀이시간 4분

놀이 2 · 030 간단한 트레이닝으로 그림 완성하기

맛있는 빵을 만들고 있어요. 달콤한 냄새에 고양이가 구경을 왔네요.
3가지 그림을 트레이닝하고 아래 그림을 직접 완성해 주세요.

월 일
풀이시간 30분

<문제 1> 그리는 순서를 참고해서 따라 그려 보세요.

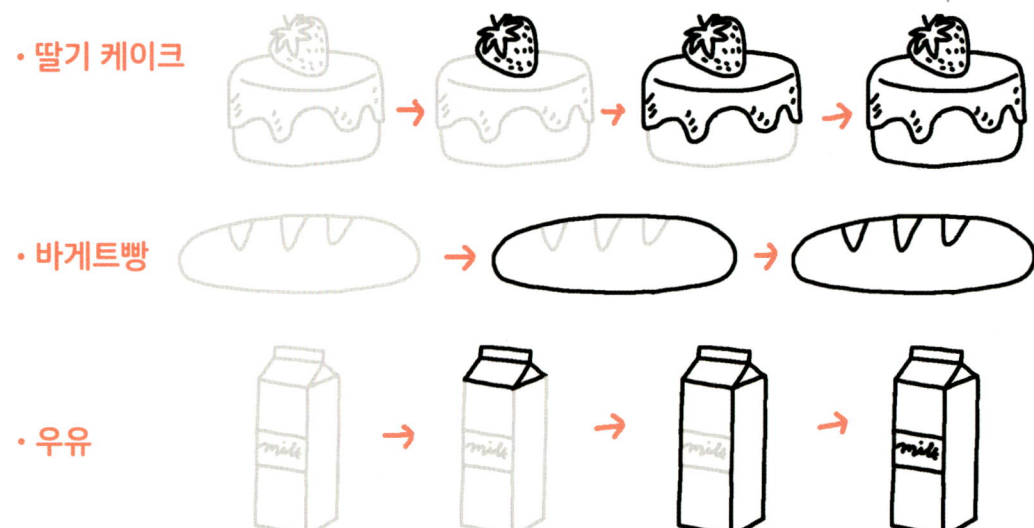

- 딸기 케이크
- 바게트빵
- 우유

<문제 2> <완성> 그림을 참고해 따라 그리기로 연습한 그림을 아래에 그려 넣어 완성해 주세요. 자유롭게 색칠도 해 보세요.

<완성>

| 놀이 2 031 | **사진 기억하고 문제 풀기**
공원에서 보내는 잠깐의 휴식은 일상의 피로를 풀어주는 비타민이죠.
1분간 사진을 유심히 보고 뒷장에 있는 문제를 풀어보세요. | 월 일
풀이시간 1분 |

31번 문제

앞장의 사진을 떠올리며 맞는 쪽에 동그라미 표시하세요.

① 노란색 의자는 두 개다. (그렇다 아니다)
② 노란색 의자 위에 초록색 가방이 놓여 있다. (그렇다 아니다)
③ 아이들은 모두 맨발에 슬리퍼를 신고 있다. (그렇다 아니다)

놀이 2 · 032 숨은 글자 찾기

같은 듯 다른 글자들이 섞여 있어요. <문제>의 단어 6개를 찾아보세요.

풀이시간 4분

<문제> 휴가

```
휴거휴지휴지휴기휴기후가휴가휴기규기후사수가
후가후가후기후기후지후지휴거휴거후거휴거휴지
휴지휴기휴기후가후지후지휴거휴거후거휴거휴지
휴가휴기규기후사수가후가후가후기후기후지후지
휴거휴거호구호구휴규휴구휴지휴저휴자휴자휴기
휴기휴기휴기휴야후가후야휴가휴기규기후사수가
후가후가후기후기후지후지휴거휴거호구호구휴가
호구호구휴규휴구휴지휴저휴자휴자휴기휴기휴기
휴휴가휴기규기후사수가후가후가후기후휴기휴기
휴야후가후야휴거휴기휴기휴가후야휴거휴기휴기
```

놀이 2 · 033 숨은 글자 찾기

여러 가지 글자들 속에서 맛있는 간식을 찾아주세요. 간식의 개수는 3개입니다.

풀이시간 4분

가	케	짜	슈	당	쫄	미	카
고	초	ⓓ	룽	캬	화	나	굴
만	탕	과			링	릿	치
이	즈	마			크	한	조
라	피	송	감	퐁	동	ⓝ	씨
골	롱	홍	랜	두	수	단	커

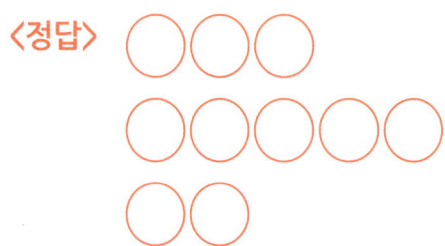

놀이 2 · 034 숨은 숫자 찾기

<보기>의 숫자들을 찾아보세요. 가로, 세로, 대각선으로 그리고 똑바로, 거꾸로도 나열되어 있어요.

풀이시간 4분

<문제 1>

2	6	6	4	9	3	1	7	0	6	0
1	5	7	2	6	0	9	8	2	3	9
8	4	6	6	1	2	8	5	9	1	8
7	3	2	9	2	7	6	3	1	1	7
6	2	5	2	7	1	4	8	5	9	6
6	1	1	7	2	5	9	2	4	6	5
0	0	3	6	1	5	3	2	3	0	4
9	9	2	7	4	6	5	1	8	4	3
4	8	0	1	9	7	0	6	5	8	2

<예시> 2835

<보기>
1753
6098
0323
7880
4906

두 눈을 크게 뜨고 요리조리 잘 찾아 보세요.

<문제 2>

1	4	5	4	9	3	1	6	3	2	0
1	3	8	2	6	2	9	5	5	3	1
2	2	3	6	1	7	8	8	5	1	5
1	1	2	4	2	7	9	3	1	1	6
9	3	5	9	0	1	6	8	5	9	7
9	4	8	7	7	6	9	2	4	6	8
5	5	3	6	1	9	7	2	3	0	4
4	7	2	5	4	6	5	8	2	3
3	6	0	4	2	3	4	5	6	1	2

<예시> 0433

<보기>
1196
9281
6295
7370
4211

놀이 2
035

숨은 그림 찾기

양들이 모여 있어요. 그림 속에서 문제로 제시된 그림을 개수만큼 찾아주세요.

월 일

풀이시간 4분

〈문제〉 비숑강아지 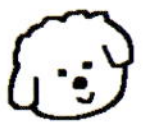 5마리

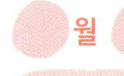

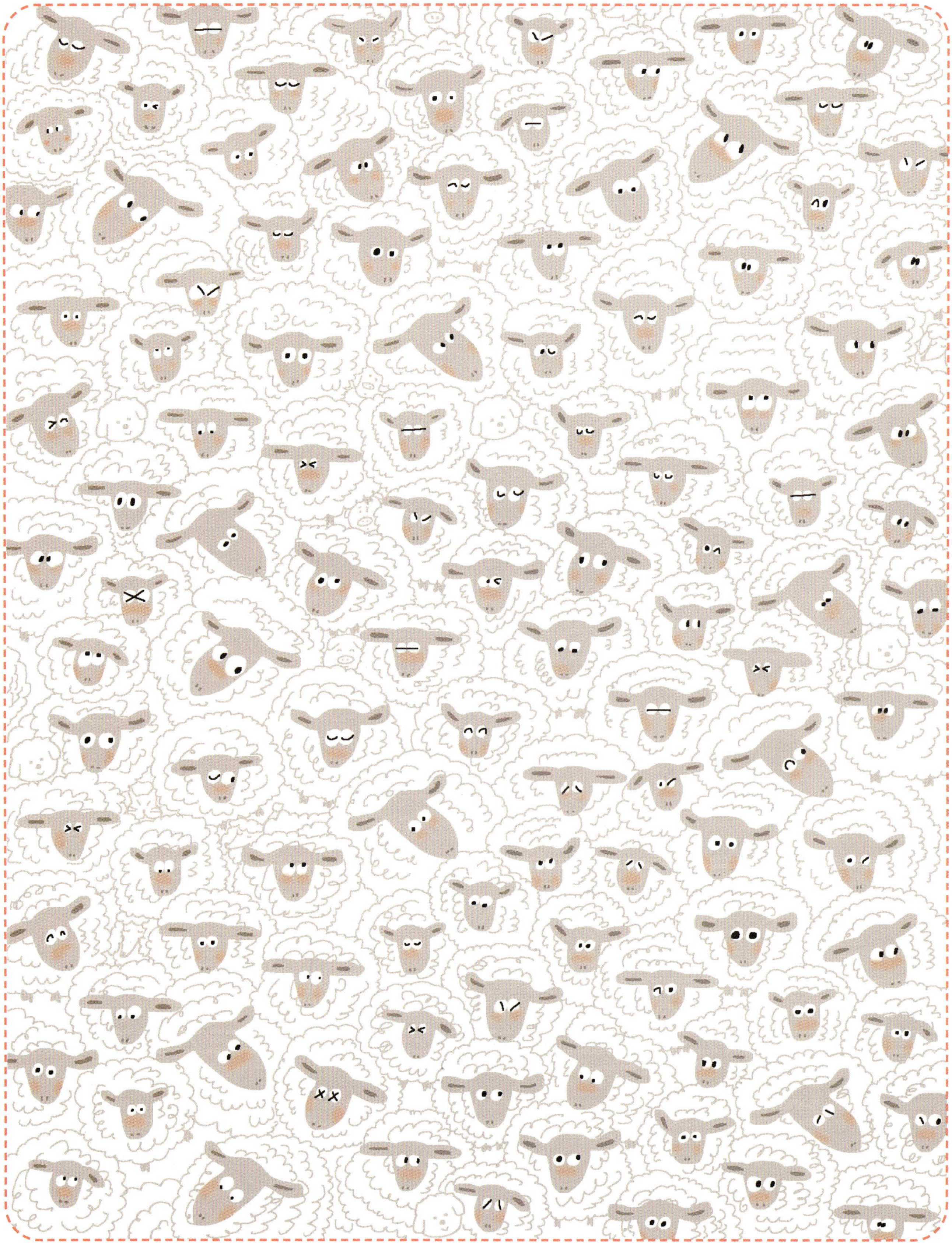

놀이 2 · 036 · 미로찾기

꽃밭에 화려한 문양의 나비가 들어왔어요. 앗, 자세히 보니 문양이 아니라 미로였네요. 나비의 미로를 풀어보세요.

 월 일

풀이시간 4분

같은 그림 찾기

037 수박이 잘 익었어요. 크고 둥글수록 잘 익은 수박이라고 해요.
<보기>와 같은 그림 하나를 찾아 번호를 적어보세요.

월 일
풀이시간 3분

<정답>

<보기>

놀이 2 · 038 같은 그림 찾기

따뜻한 이불 속에 들어가 귤을 까먹으면 귤 맛이 꿀맛이지요.
<보기>와 같은 그림 하나를 찾아 번호를 적어보세요.

 월 일
풀이시간 3분

<정답>

<보기>

놀이 2 039	**여러 그림 중 다른 그림 찾기** 
	새콤달콤 딸기의 매력을 눈으로 느껴보세요. 5개의 그림 중에 하나는 조금 다른 그림이에요. 다른 그림 1개를 찾아보세요. 풀이시간 5분

<정답>

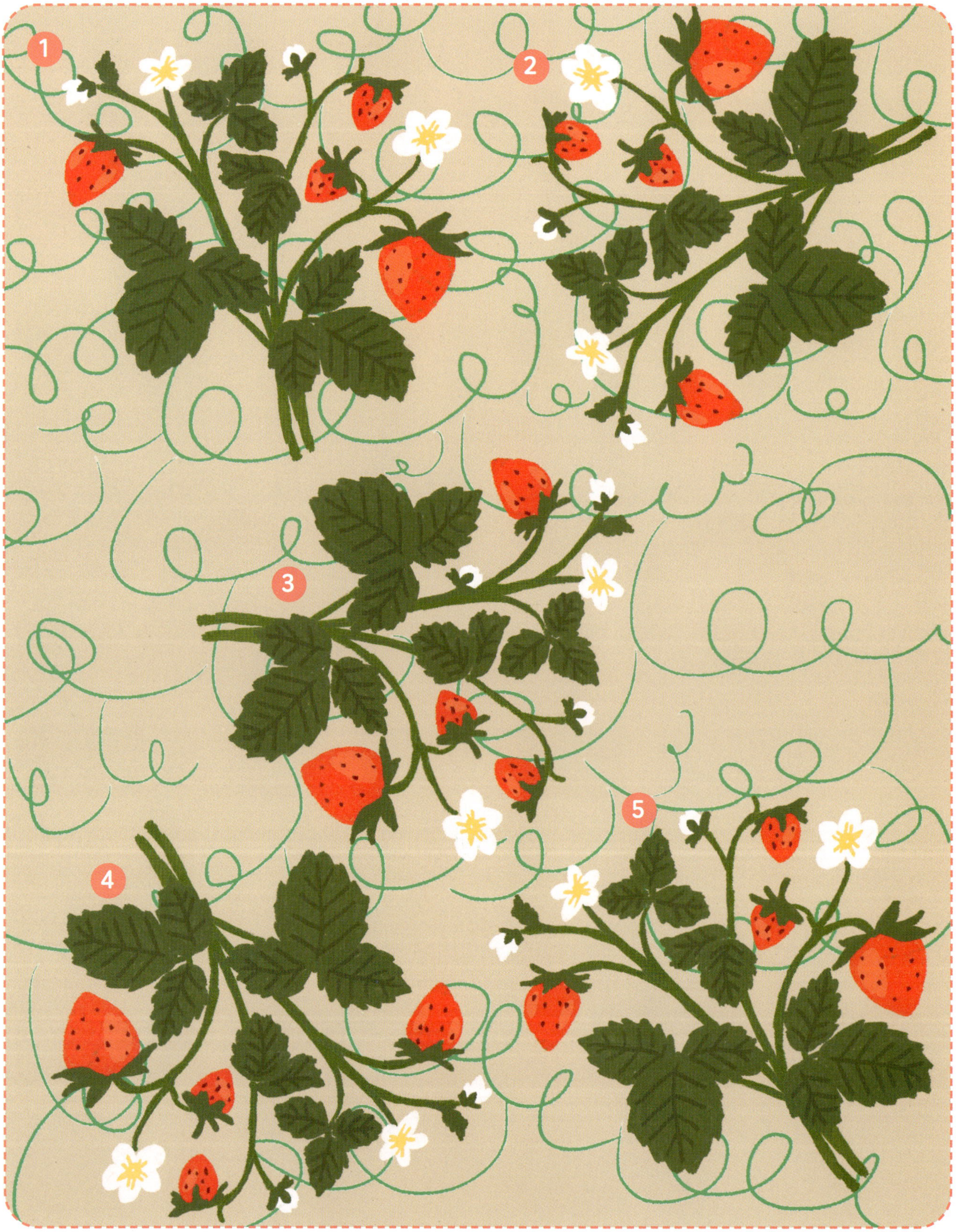

| 놀이 2 040 | **여러 그림 중 다른 그림 찾기** 눈으로 먼저 먹고 싶은 컵케이크가 있네요. 5개의 그림 중에 하나는 조금 다른 그림이에요. 다른 그림 1개를 찾아보세요. | 월 일 풀이시간 5분 |

<정답>

놀이 2 — 041 피라미드 계산 놀이

더하기와 빼기를 적용하여 빈칸에 들어갈 숫자를 찾아보세요.

<문제 1>

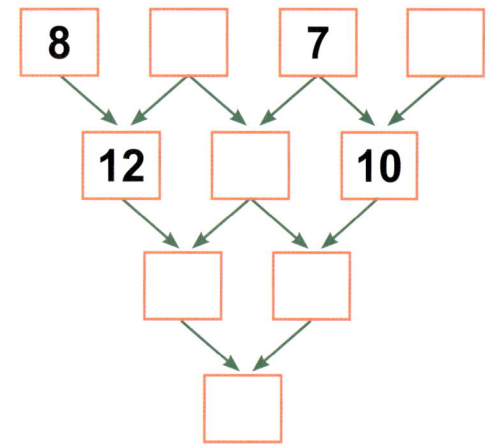

<문제 2>

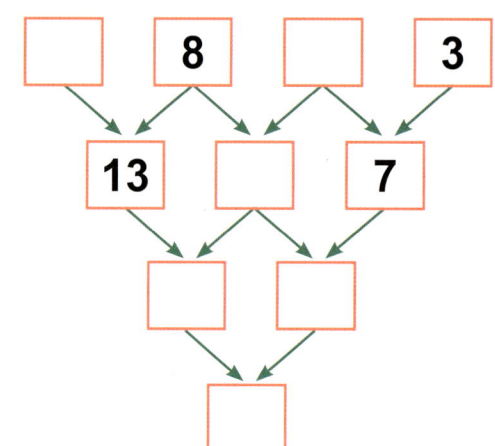

<문제 3>

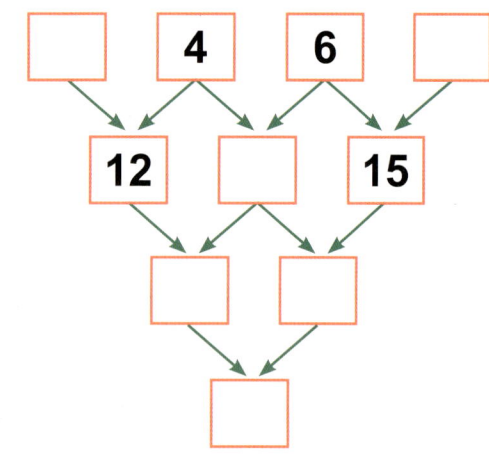

<문제 4>

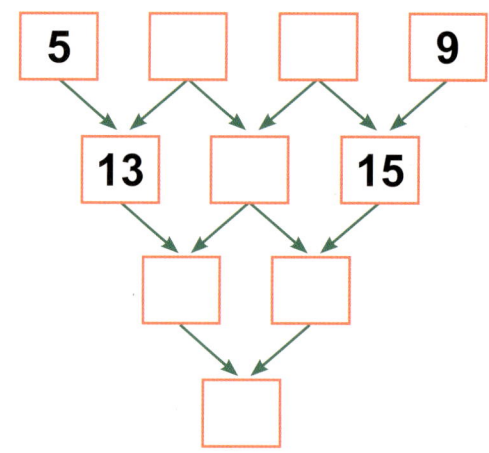

<문제 5>

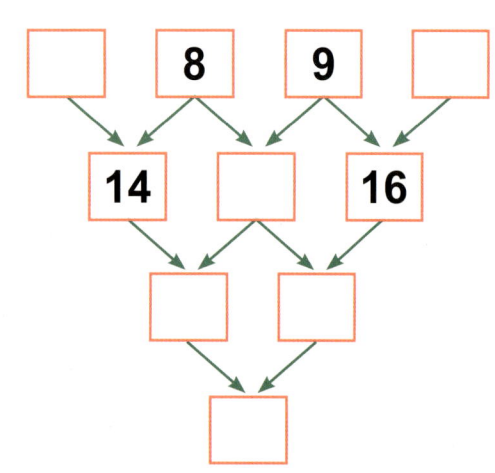

<문제 6>

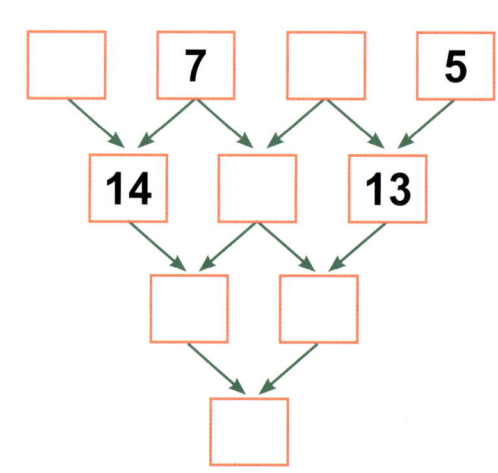

놀이 2 042 숫자 맞추기 퍼즐

가로와 세로의 문제를 풀어서 빈칸을 알맞은 숫자로 채워 넣으세요.

월 일
풀이시간 10분

<가로>
1. 51X7
3. 6+6
5. 110-50
6. 27+61
7. 이백팔십칠
9. 322÷2
11. 6X3
13. 389+36
15. 684÷3

<세로>
1. 삼천육백오십이
2. 42+8
4. 72-46
6. 9X9
8. 98X89
10. 682+4

자신감 업 "누구라도 10초면 풀 수 있는 문제 풀기"

<문제> 각각의 동물에 맞는 꼬리를 선으로 연결해 주세요.

 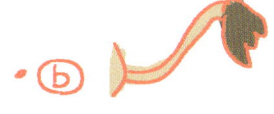

그림자 찾기

포도를 닮은 <산머루>예요. 열매가 탐스러운 <산머루>의 그림자를 찾아주세요.

월 일
풀이시간 3분

산머루는 산과 들에 자라는 포도의 조상이라고 할 수 있습니다. 열매와 어린눈을 먹으며, 열매로 담근 산머루 와인이 유명합니다.

<정답>

1

2

3

4

 ## 그림자 찾기

수술이 길게 뻗어 나와 안개가 낀 듯 아련해 보이는 〈마가목〉이에요.
가로수로도 자주 보이는 〈마가목〉의 그림자를 찾아주세요.

풀이시간 3분

 마가목은 높은 산 중턱에서부터 꼭대기에 걸쳐 자랍니다.
그래서 일부러 산에 올라가지 않으면 만나기 어려운
나무였어요. 하지만 지금은 정원수로 널리 심어져
공원이나 가로수에서도 흔히 볼 수 있답니다.

〈정답〉

1

2

3

4

다른 부분 찾기

고양이에게 책상을 양보한 아이는 오빠와 골목에서 재미있게 놀고 있겠죠.
위 아래 사진에서 다른 부분 5곳을 찾아보세요.

풀이시간 4분

 ## 다른 부분 찾기

아이들이 '무궁화 꽃이 피었습니다' 놀이를 하고 있어요. 위 아래 사진에서 다른 부분 5곳을 찾아보세요.

 월 일

풀이시간 4분

놀이 3 — 047 없어진 그림 찾기

살살 녹는 아이스크림이 있어요. 아래 그림에는 없는 아이스크림 1개를 찾아 위 그림에 동그라미 해 보세요.

놀이 3 — 048 없어진 그림 찾기

신선한 채소가 가득 있어요. 아래 그림에는 없는 채소 1개를 찾아 위 그림에 동그라미 해 보세요.

월 일
풀이시간 3분

놀이 3 — 049 다른 그림 찾기

공원으로 반려견과 오후 산책을 나왔어요. 반려견의 집사라면 하루 한 번 산책은 꼭 해야죠. 아래 그림에서 달라진 8군데를 찾아보세요.

 월 일

풀이시간 3분

놀이 3 · 050 — 다른 그림 찾기

몸과 마음의 건강을 위해서 요가를 해 보세요. 조금씩 어려운 자세를 해내는 보람도 느낄 수 있답니다. 아래 그림에서 달라진 8군데를 찾아보세요.

월 일
풀이시간 3분

놀이 3 051 간단한 트레이닝으로 그림 완성하기

거실 소파는 너무 푹신하면 안 된다고 해요. 자꾸만 누워 있게 되니까요.
3가지 그림을 트레이닝하고 아래 그림을 직접 완성해 주세요.

풀이시간 30분

<문제 1> 그리는 순서를 참고해서 따라 그려 보세요.

- 소파
- 전화
- 화분

<문제 2> <완성> 그림을 참고해 따라 그리기로 연습한 그림을 아래에 그려 넣어 완성해 주세요. 자유롭게 색칠도 해 보세요.

놀이 3	**사진 기억하고 문제 풀기**	월 일
052	비 오는 골목길에 우산 둘이 나란히 걸어갑니다. 1분간 사진을 유심히 보고 뒷장에 있는 문제를 풀어보세요.	풀이시간 1분

52번 문제

앞장의 사진을 떠올리며 맞는 쪽에 동그라미 표시하세요.

① 빨강, 파랑, 초록색 의자가 있다. (그렇다 아니다)

② 뒤에 걸어가는 아이의 우산에는 공룡이 그려져 있다. (그렇다 아니다)

③ 앞에 걸어가는 아이는 긴바지를 입고 있다. (그렇다 아니다)

 **남은 시간 맞추기**
전자시계의 시간을 보고 <문제>를 맞춰보세요.

풀이시간 10분

<문제 1> 거꾸로 된 전자시계의 시간을 읽어보세요. 밤 12시가 되려면 시간이 얼마나 지나야 할까요?

1. 193분
2. 1시간 13분
3. 1시간 33분
4. 173분

<정답>

<문제 2> 거꾸로 된 전자시계의 시간을 읽어보세요. 오후 8시 10분이 되려면 시간이 얼마나 지나야 할까요?

1. 720분
2. 12시간 05분
3. 05분
4. 10시간 35분

<정답>

숫자 퍼즐 스도쿠
1에서 9까지의 숫자를 겹치지 않게 채워 넣으세요.

〈문제 1〉

	7			6			3	1
	6				8	4		7
1				3				
						3	7	
	3			7		9		2
				6				
6	1				4	5	2	
		8			9			
2				5				3

〈문제 2〉

		5						6
	2		8		9		1	
1		4		7		2		
	7		4		8		5	
		8		2		9		7
	3		6		7		4	
		2		5		4		3
	5		7		4		2	
3				8		1		

한 줄, 그리고 9개의 네모마다 숫자들이 한 번씩만 쓰여야 한답니다.

숨은 그림 찾기

놀이 3 — 055

여러분은 많은 원숭이들 중 어느 원숭이가 가장 마음에 드시나요?
그림 속에서 문제의 제시어를 찾아주세요.

월 일
풀이시간 5분

<문제> 조각 피자, 화살표, 새, 나비, 하트, 물고기, 리본, 유리병, 우산, 코끼리, 야구공

놀이 3 — 056 그림 퍼즐 스도쿠

그림 연습도 하면서 머리를 쓰는 시간이에요.
가로 세로칸에 <보기>의 그림들이 겹치지 않게 채워 넣으세요.

풀이시간 40분

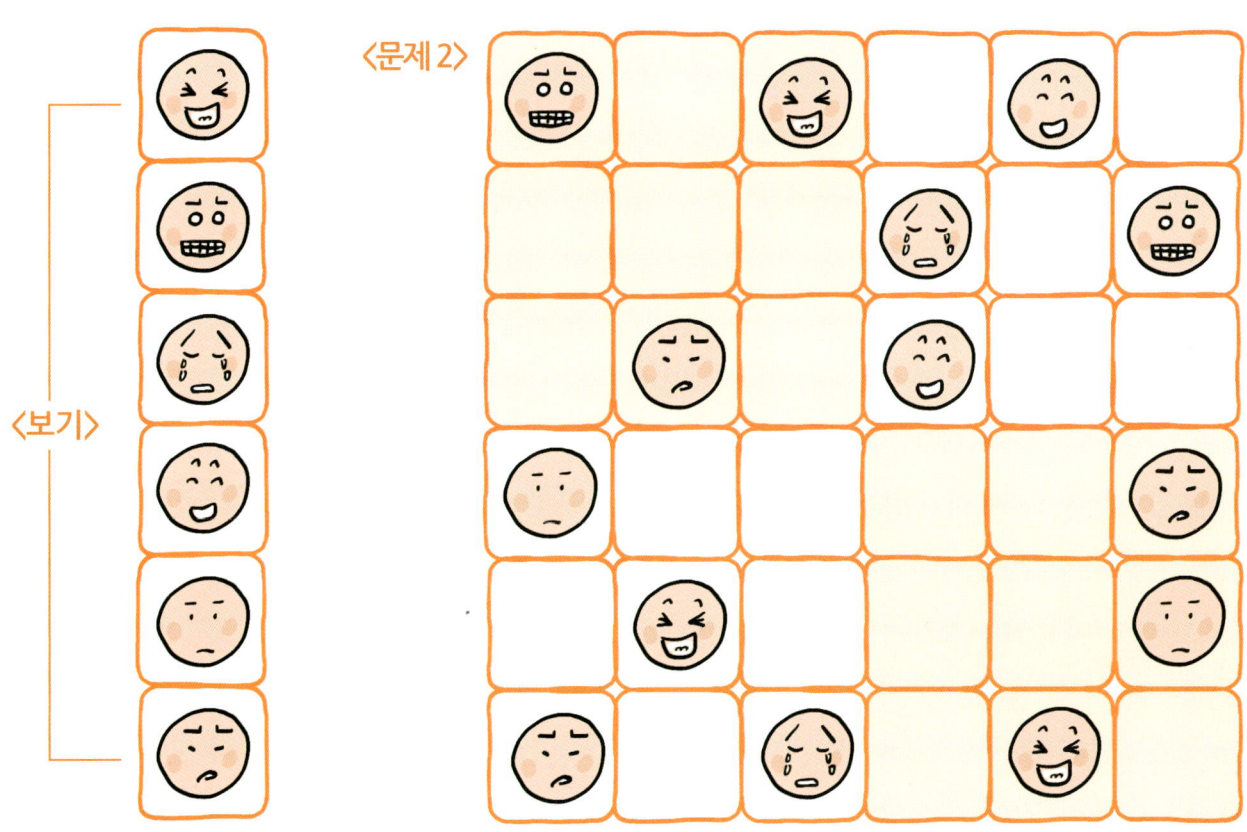

놀이 3 · 057 같은 그림 찾기

작은 물고기와 한 가족이 되기 위해서는 고양이의 무관심이 필요하겠어요.
<보기>와 같은 그림 하나를 찾아 번호를 적어보세요.

월 일
풀이시간 3분

<정답>

<보기>

같은 그림 찾기

특별한 날, 직접 키운 꽃으로 꽃다발을 만들어 보는 건 어떨까요.
<보기>와 같은 그림 하나를 찾아 번호를 적어보세요.

 월 일

풀이시간 3분

<정답>

<보기>

놀이 3
059

여러 그림 중 다른 그림 찾기

영화를 보러 가는지, 팝콘을 먹으러 가는지 ··· ^^ 5개의 그림 중에 하나는 조금 다른 그림이에요. 다른 그림 1개를 찾아보세요.

월 일

풀이시간 5분

<정답>

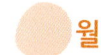

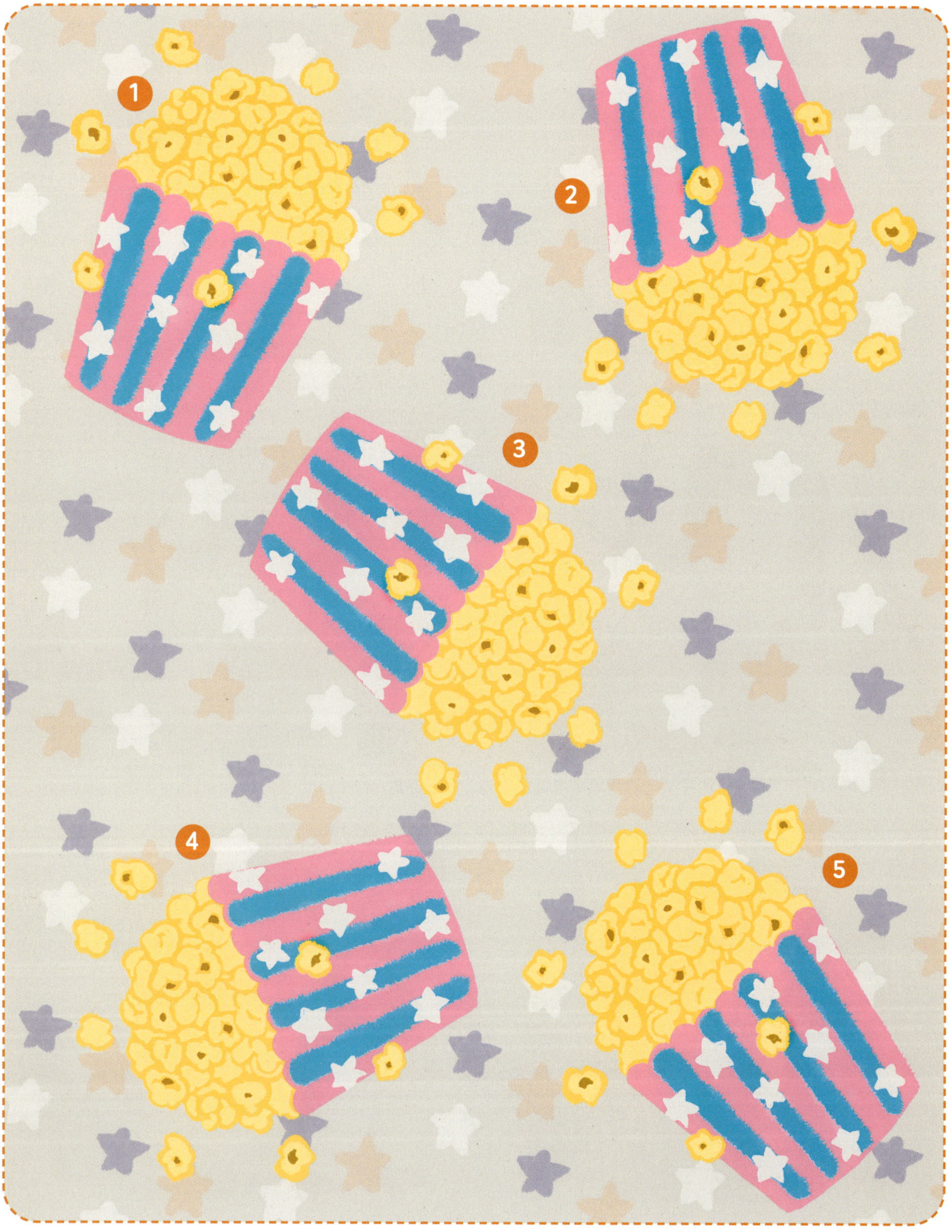

 **여러 그림 중 다른 그림 찾기** 월 일

놀이 3
060

피자에서 가장 중요한 건 토핑일까요, 치즈일까요? 5개의 그림 중에 하나는 조금 다른 그림이에요. 다른 그림 1개를 찾아보세요.

풀이시간 5분

<정답>

63

피라미드 계산 놀이
더하기와 빼기를 적용하여 빈칸에 들어갈 숫자를 찾아보세요.

<문제 1>

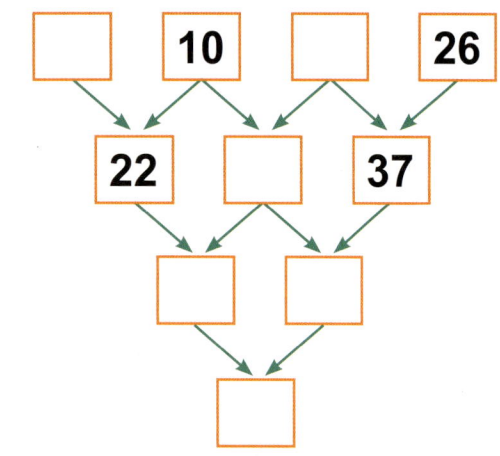

<문제 2>

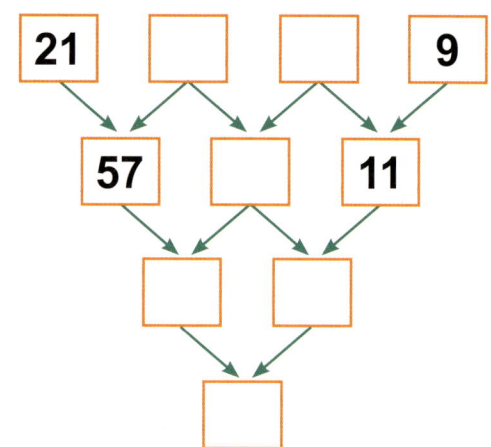

<문제 3>

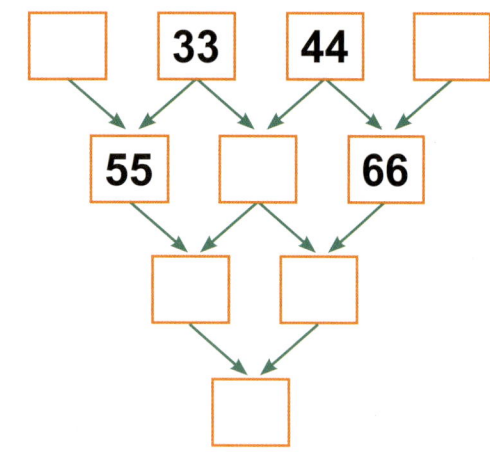

<문제 4>

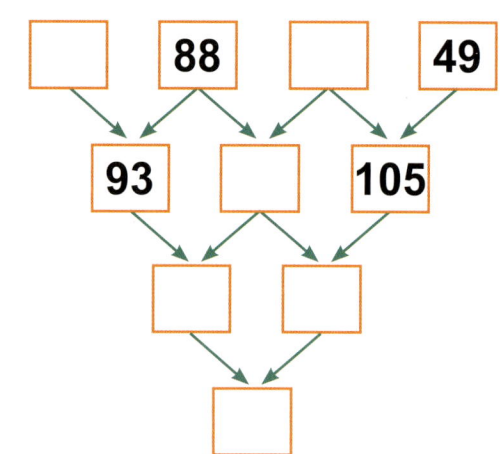

<문제 5>

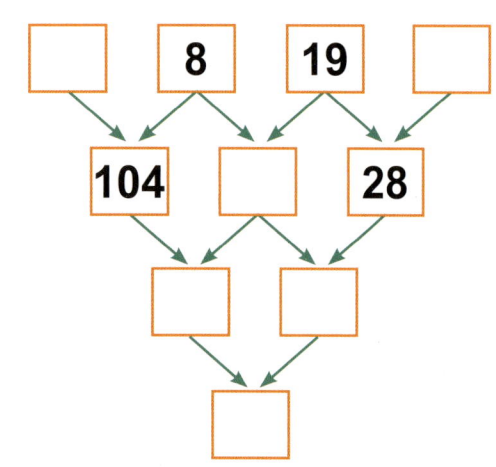

<문제 6>

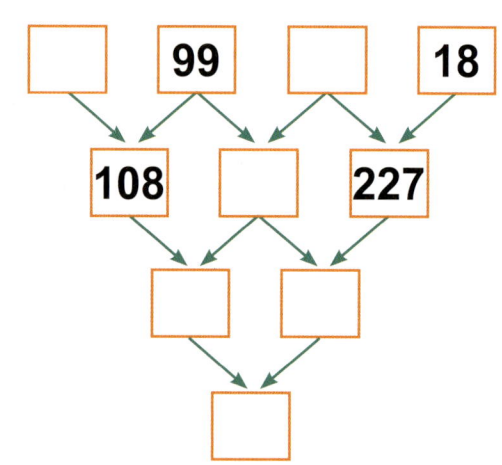

놀이 3 - 062 숫자 맞추기 퍼즐

가로와 세로의 문제를 풀어서 빈칸을 알맞은 숫자로 채워 넣으세요.

풀이시간 10분

<가로>
1. 345-22
3. 1000-1
5. 525-506
7. 2145X2
9. 오천백십육
12. 809+52
13. 11+7
14. 400-137

<세로>
1. 6X6
2. 841-802
4. 267÷3
5. 2X5
6. 칠천이백구십구
8. 5X5
10. 112-21
11. 6+7x6

놀이 3 - 063 반전 다른 모습 찾기

반전된 아기의 모습에서 달라진 부분 5곳을 찾아주세요.

풀이시간 3분

 ## 그림자 찾기

들꽃의 이름은 〈일월비비추〉예요. 분홍색의 꽃이 예쁜 〈일월비비추〉의 그림자를 찾아주세요.

일월비비추의 어린잎은 나물로 먹을 수 있어요.
꽃이 예뻐서 원예용으로도 많이 키운답니다.

〈정답〉

놀이 4 · 065 · 그림자 찾기

귀여운 열매가 열린 나무의 이름은 〈백당나무〉예요. 열매가 탐스러운 〈백당나무〉의 그림자를 찾아주세요.

월 일
풀이시간 3분

← 백당나무는 낮은 곳은 물론 높은 산의 추위에도 잘 적응하여 우리나라 산 어디에서나 흔히 만날 수 있는 자그마한 나무입니다. 적응력이 높고 계곡의 입구나 숲의 가장자리 등 약간 축축하고 햇볕이 잘 드는 곳을 특히 좋아해요.

〈정답〉

1

2

3

4

다른 부분 찾기

푸른 잔디 위에서 두 아이가 놀고 있어요. 위 아래 사진에서 다른 부분 5곳을 찾아보세요.

 월 일

풀이시간 3분

놀이 4 — 067 다른 부분 찾기

큰 꽃이 그려진 벽화가 있는 카페에서 아이가 손으로 꽃받침 포즈를 취하고 있어요. 위 아래 사진에서 다른 부분 5곳을 찾아보세요.

풀이시간 3분

놀이 4 · 068 없어진 그림 찾기

하늘에 구름이 뭉게뭉게 몰려다니고 있어요. 아래 그림에서 없어진 구름 하나를 찾아보세요.

 월 일

풀이시간 3분

| 놀이 4 069 | **없어진 그림 찾기** 비 오는 거리를 우산 쓴 사람들이 바쁘게 걸어가고 있어요. 아래 그림에서 없어진 한 사람을 찾아보세요. | 월 일 풀이시간 3분 |

놀이 4 · 070 다른 그림 찾기

의외성이 여행의 묘미라 할 수 있지만, 비행기 시간은 가능하면 지키는 게 좋겠죠. 아래 그림에서 달라진 9군데를 찾아보세요.

 ## 다른 그림 찾기

비행기 안에서 기다려지는 건 뭐니해도 기내식이죠. 하나도 남김없이 다 챙겨 드세요. 아래 그림에서 달라진 8군데를 찾아보세요.

월 일
풀이시간 2분

 **간단한 트레이닝으로 그림 완성하기**

먼 길을 떠날 때는 가능한 편한 신발을 고르는 게 좋겠죠. 그러면서도 패션을 챙기는 센스! 3가지 그림을 트레이닝하고 아래 그림을 직접 완성해 주세요.

 월 일

풀이시간 30분

<문제 1> 그리는 순서를 참고해서 따라 그려 보세요.

- 모자
- 운동화
- 가방

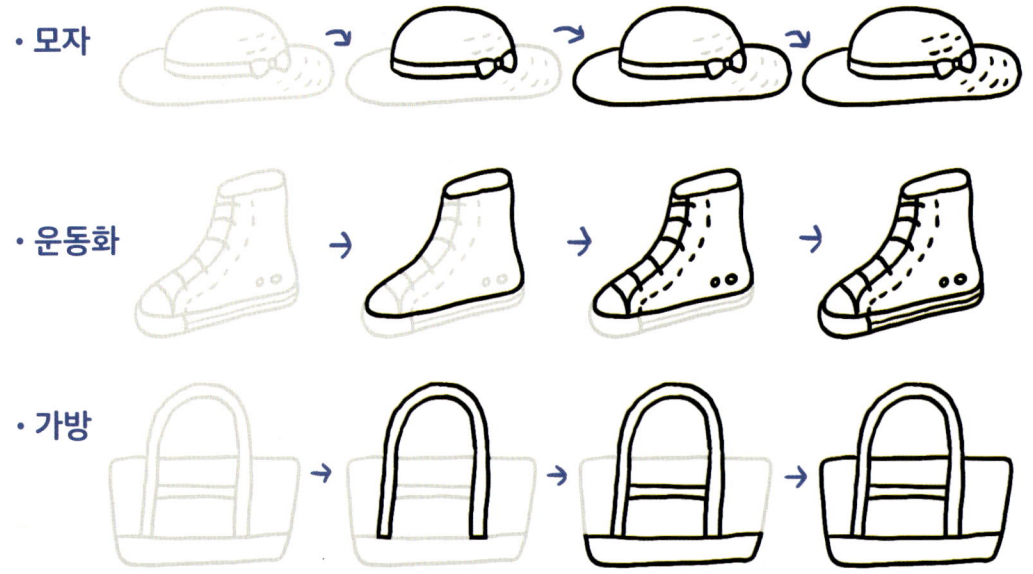

<문제 2> <완성> 그림을 참고해 따라 그리기로 연습한 그림을 아래에 그려 넣어 완성해 주세요. 자유롭게 색칠도 해 보세요.

<완성>

놀이 4 — 073 사진 기억하고 문제 풀기

착시 예술인 트릭아트 그림을 배경으로 예쁜 아이가 사진을 찍고 있군요.
1분간 사진을 유심히 보고 뒷장에 있는 문제를 풀어보세요.

월 일
풀이시간 1분

73번 문제

앞장의 사진을 떠올리며 맞는 쪽에 동그라미 표시하세요.

① 아이의 위쪽에는 노란꽃 그림이 그려져 있다. (그렇다 아니다)
② 기린은 혀를 내밀고 있다. (그렇다 아니다)
③ 아이는 의자에 앉아 있다. (그렇다 아니다)

놀이 4
074 숨은 글자 찾기
같아 보이지만 다른 글자들이 섞여 있어요. <문제>의 단어 5개를 찾아보세요.

월 일

풀이시간 4분

<문제> **여름방학**

```
여룽방학여름빙학여름방혁여름항하여룽바훙어름
지하여름방학여름방석여름가구열음기구야름강학
여룽방학여지가난여른방하여룽바가여룽나하열음
기구야름강학여룽여름방학방학여지가난여른방하
여룽바가여룽나하여른방하여룽바가여름항하여룽
바훙여름방학어름지하여름방석여름방하여름방하
여름방한여름망학여름방학여름방학열음기구야름
강학여룽방학여지가난여른방하여룽바가여룽나하
여른방하여룽바가여름항하여룽바훙여름방학어름
지하여름방석여름방하여름방하여름방한여름망학
```

놀이 4
075 숨은 글자 찾기
여러 가지 글자들 속에서 새콤달콤 과일의 이름을 찾아주세요. 정답의 글자 수에 맞는 과일의 이름은 3개입니다.

월 일

풀이시간 4분

사	울	파	주	참	투	넛	설
고	야	㉠	인	리	한	마	앵
숭	구	토		복	노	레	
바	론	봉		매	딸	나	
토	위	지	감	코	항	㉡	초
배	체	느	다	박	르	아	방

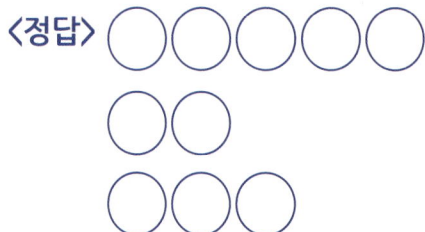

놀이 4 — 숨은 숫자 찾기

<보기>의 숫자들을 찾아보세요. 가로, 세로, 대각선으로 그리고 똑바로, 거꾸로도 나열되어 있어요.

 월 일
풀이시간 10분

<문제 1>

3	6	3	4	9	3	1	7	0	6	0
1	4	7	2	6	0	9	8	2	3	2
8	0	3	0	1	2	4	1	9	1	0
7	3	2	1	0	7	6	3	0	1	1
3	2	5	2	2	1	4	1	5	9	3
6	1	1	7	2	5	9	2	4	6	5
5	4	0	2	1	9	8	0	3	0	8
9	9	4	7	4	6	5	4	8	4	4
4	8	0	1	3	7	0	6	0	2	1

<예시>
1312

<보기>
2711
4649
3329
9947
1432

<문제 2>

2	6	7	4	9	3	1	7	0	5	0
9	5	7	2	6	0	9	7	2	8	9
1	4	6	1	6	4	6	0	9	9	7
2	0	2	9	2	5	6	3	1	6	7
3	2	5	0	4	1	4	8	5	9	6
4	1	9	7	2	5	9	4	4	6	5
0	8	3	6	1	5	3	0	3	0	4
7	2	2	7	4	2	5	1	8	2	3
4	8	0	1	1	7	0	6	5	8	1

<예시>
4830

<보기>
6097
1371
2421
4495
2603

놀이 4
077

숨은 그림 찾기

홍학들이 춤을 추고 있는 풀숲에 다른 동물들이 구경하러 왔어요.
그림 속에서 문제의 제시어를 찾아주세요.

월 일

풀이시간 3분

<문제> 사슴, 다람쥐, 토끼, 개구리

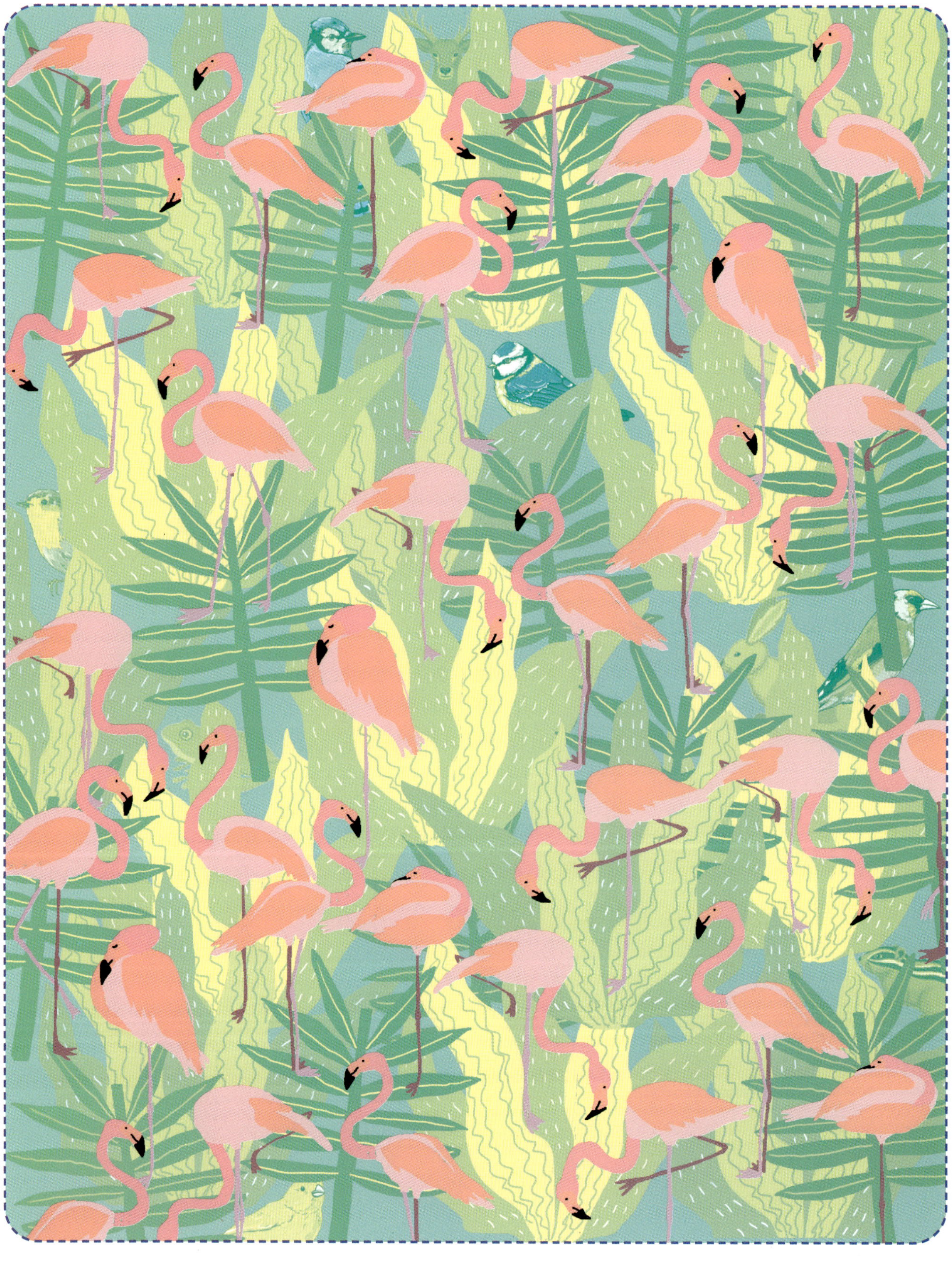

놀이 4 — 078 그림 퍼즐 스도쿠

그림 연습도 하면서 머리를 쓰는 시간이에요.
가로 세로칸에 <보기>의 그림들이 겹치지 않게 채워 넣으세요.

 월 일
풀이시간 40분

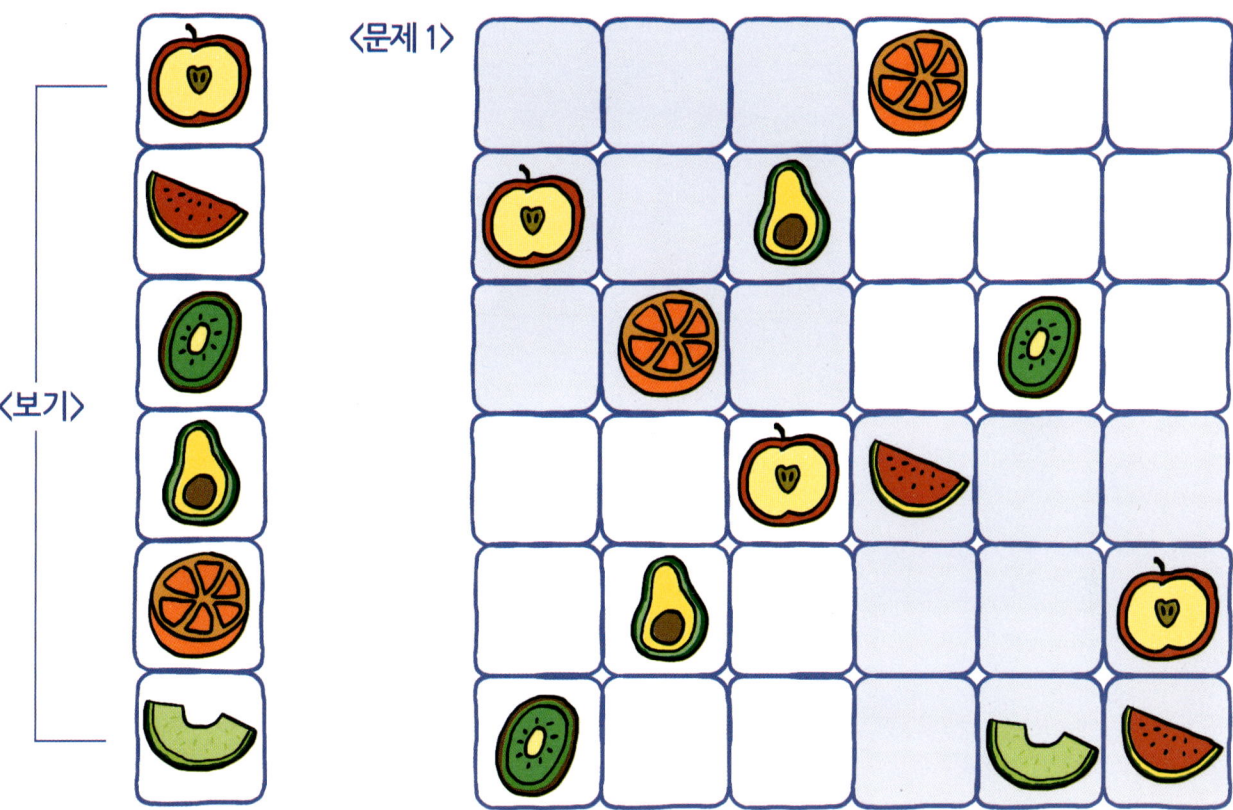

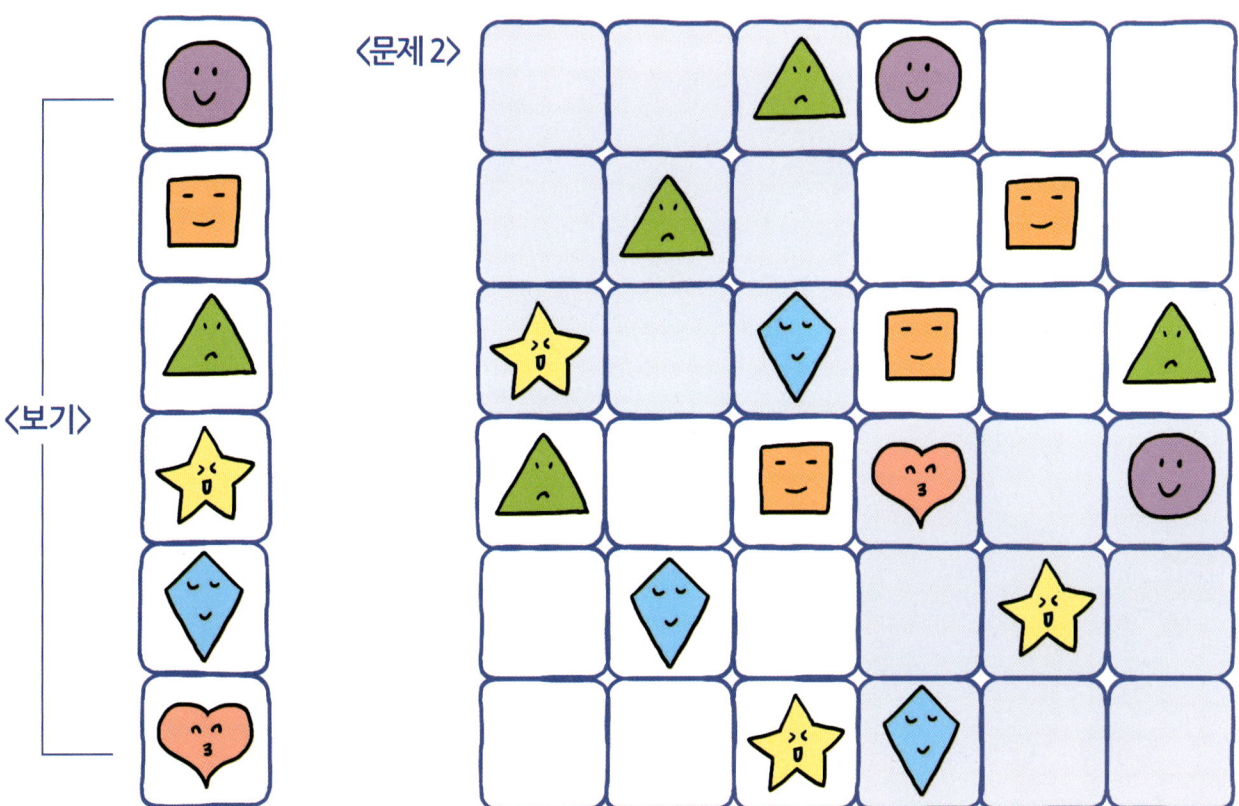

놀이 4 · 079 같은 그림 찾기

오랜만에 재봉틀을 꺼냈어요. 고양이의 옷을 만들어 줄 거예요.
<보기>와 같은 그림 하나를 찾아 번호를 적어보세요.

월 일
풀이시간 3분

<보기> <정답>

같은 그림 찾기

 놀이 4 · 080

푸른 언덕에 앉아 기타를 치고 있어요. 나뭇잎들이 기타 소리에 맞춰 춤을 추고 있네요. <보기>와 같은 그림 하나를 찾아 번호를 적어보세요.

 월 일

풀이시간 3분

<정답>

<보기>

놀이 4 - 081 여러 그림 중 다른 그림 찾기

버거와 콜라는 아이들이 좋아하는 최고의 간식이 아닐까요. 5개의 그림 중에 하나는 조금 다른 그림이에요. 다른 그림 1개를 찾아보세요.

월 일
풀이시간 5분

정답:

놀이 4

082

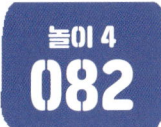

여러 그림 중 다른 그림 찾기

커피와 비스킷은 어른들이 좋아하는 최고의 간식이 아닐까요. 5개의 그림 중에 하나는 조금 다른 그림이에요. 다른 그림 1개를 찾아보세요.

월 일

풀이시간 5분

정답:

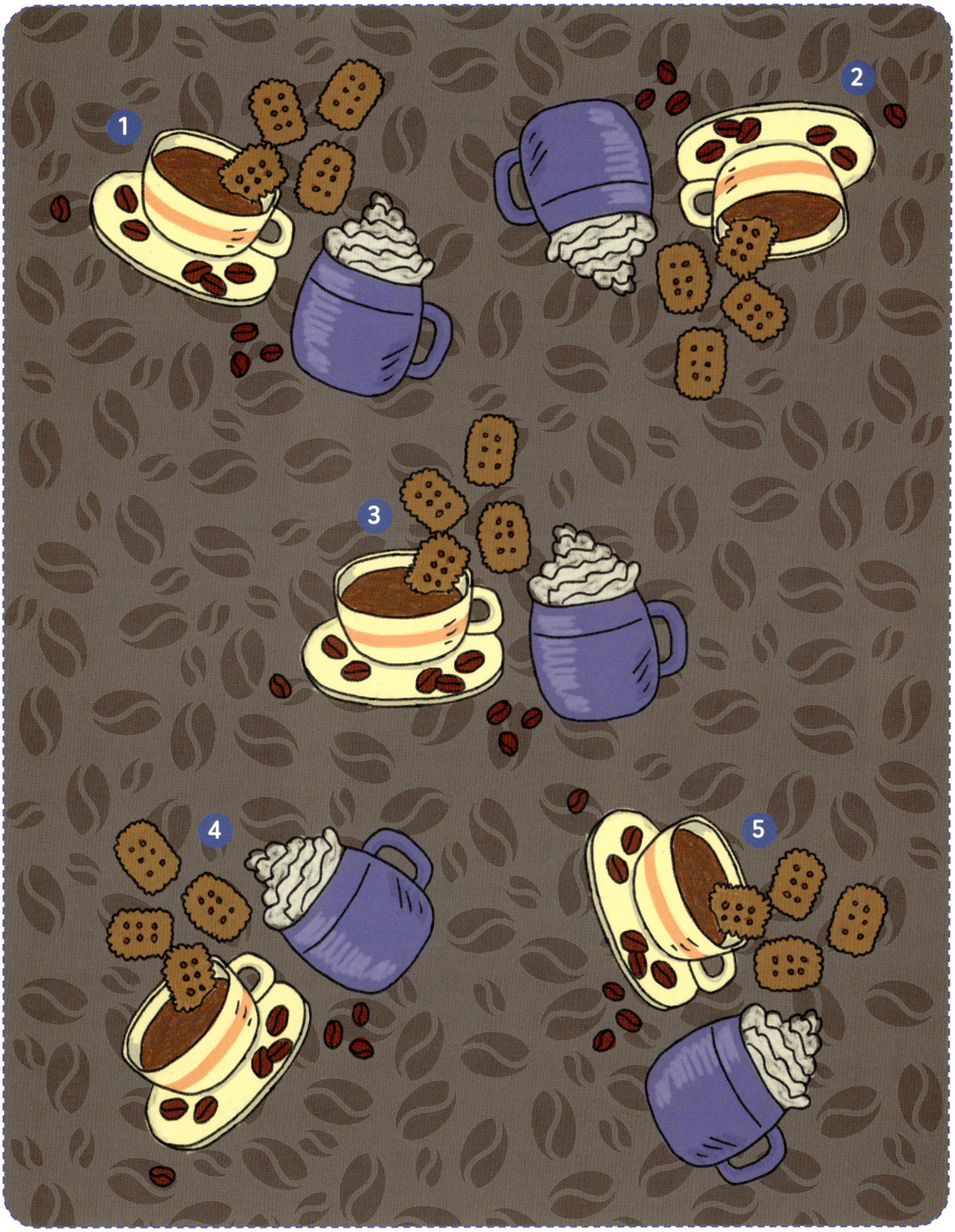

놀이 5 · 083 그림자 찾기

나무의 이름은 〈개벚지 나무〉예요. 작은 열매가 앙증맞은 〈개벚지 나무〉의 그림자를 찾아주세요.

 월 일

풀이시간 3분

 버찌가 열리는 벚나무와 비슷한 열매가 열리는 나무예요. 전남 지리산과 충북 소백산을 비롯해 강원도 이북의 산지에서 자랍니다.

정답:

 **그림자 찾기**

들풀의 이름은 〈죽대〉예요. 꽃이 대롱처럼 생긴 〈죽대〉의 그림자를 찾아주세요.

월 일
풀이시간 3분

우리나라 특산종이며 지리산 지역에 특히 많이 분포합니다. 관상용·식용·약용으로 이용되고 어린순은 나물로 먹을 수 있어요. 뿌리줄기는 자양강장제로 사용합니다.

정답:

①

②

③

④

놀이 5 — 085 다른 부분 찾기

한옥을 보면 기와의 곡선이 참 멋스럽게 느껴져요. 위 아래 사진에서 다른 부분 5곳을 찾아보세요.

월 일
풀이시간 4분

| 놀이 5 086 | **다른 부분 찾기**
담쟁이가 건물을 감싸고 있고 그 앞에 따릉이가 주차되어 있네요. 위 아래 사진에서 다른 부분 5곳을 찾아보세요. | 월 일
풀이시간 4분 |

놀이 5 087 없어진 그림 찾기

야외 캠핑에 필요한 다양한 도구들이 모여 있어요. 아래 그림에서 없어진 도구 하나를 찾아보세요.

월 일
풀이시간 3분

놀이 5 | 088 없어진 그림 찾기

낚시에 필요한 다양한 도구들과 물고기들이 모여 있어요. 아래 그림에서 없어진 도구 하나를 찾아보세요.

월 일
풀이시간 3분

놀이 5 089 다른 그림 찾기

진정한 여행의 기쁨은 짐을 챙기면서 느끼는 설렘부터죠. 아래 그림에서 달라진 8군데를 찾아보세요.

월 일
풀이시간 3분

놀이 5 · 090 다른 그림 찾기

바닷속이란 공간에 자신을 맡겨 보는 것도 멋진 경험일 거예요. 아래 그림에서 달라진 8군데를 찾아보세요.

월 일
풀이시간 3분

놀이 5 091 간단한 트레이닝으로 그림 완성하기

일을 시작하기 전, 따뜻한 차 한잔은 기운을 북돋아 주죠.
3가지 그림을 트레이닝하고 아래 그림을 직접 완성해 주세요.

 월 일
풀이시간 30분

1 그리는 순서를 참고해서 따라 그려 보세요.

- 책
- 스마트폰
- 노트북

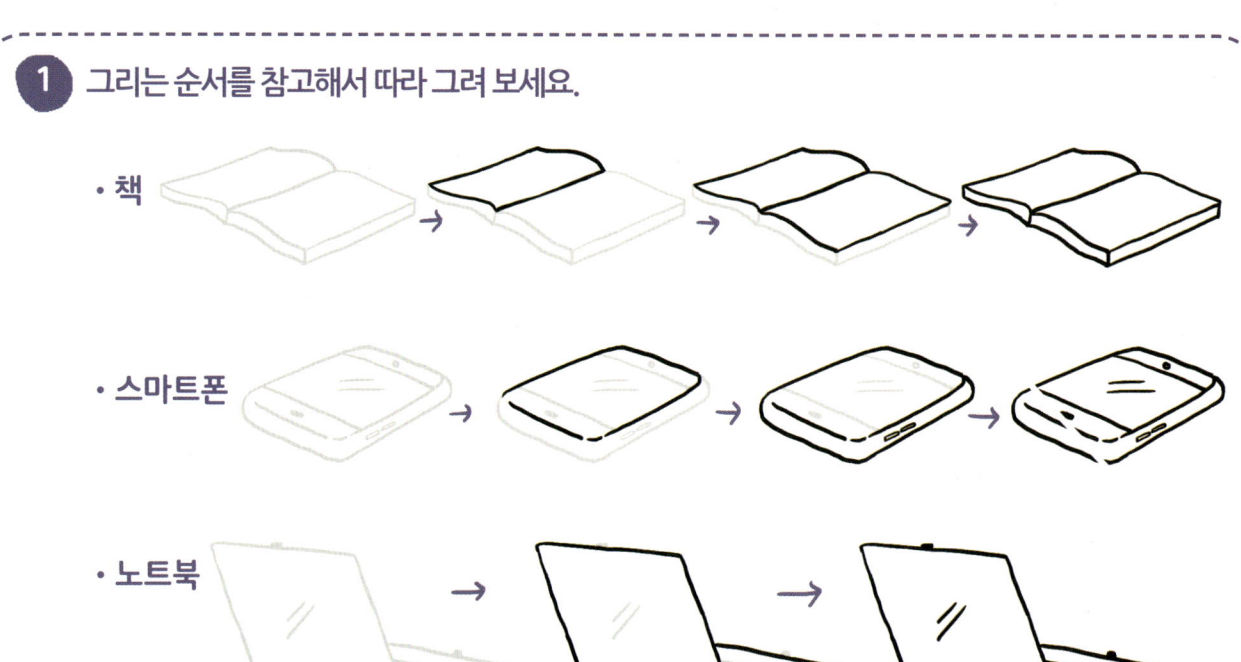

2 〈완성〉 그림을 참고해 따라 그리기로 연습한 그림을 아래에 그려 넣어 완성해 주세요.
자유롭게 색칠도 해 보세요.

〈완성〉

사진 기억하고 문제 풀기

092

더운 여름날, 물놀이만큼 보는 이를 즐겁게 해주는 건 없죠.
1분간 사진을 유심히 보고 뒷장에 있는 문제를 풀어보세요.

월 일
풀이시간 1분

93

92번 문제

앞장의 사진을 떠올리며 맞는 쪽에 동그라미 표시하세요.

① 물을 뿌리는 아이는 빨강 세로 줄무늬 옷을 입고 있다. (그렇다 아니다)
② 물을 뿌리는 아이의 정면에 있는 창고에는 두 개의 창문이 있다. (그렇다 아니다)
③ 물을 맞는 아이는 신발을 벗고 있다. (그렇다 아니다)

놀이 5
093 남은 시간 맞추기
전자시계의 시간을 보고 <문제>를 맞춰보세요.

월 일
풀이시간 4분

<문제 1> 거꾸로 된 전자시계의 시간을 읽어보세요. 오전 9시 10분이 되려면 시간이 얼마나 지나야 할까요?

1 2시간 10분
2 91분
3 181분
4 722분

<정답>

<문제 2> 거꾸로 된 전자시계의 시간을 읽어보세요. 밤 12시가 되려면 시간이 얼마나 지나야 할까요?

1 9시간 15분
2 20시간 45분
3 1시간 30분
4 585분

<정답>

숫자 퍼즐 스도쿠

1에서 9까지의 숫자를 겹치지 않게 채워 넣으세요.

풀이시간 40분

〈문제 1〉

8					6			
				9			8	4
4	9		2					
2				8		3		
							4	
				1		9	6		7
				6				
6						1	9	3
7		3		2				

〈문제 2〉

9				1			3	4
		4	8					
6		2		5		9		
2					1		8	5
8								2
		5	2		9	4		3
5		8	9				4	1
				7		2		
	2					3		

한 줄, 그리고 9개의 네모마다 숫자들이 한 번씩만 쓰여야 한답니다.

놀이 5 095 · 같은 그림 찾기

물을 싫어하는 고양이를 씻기는 건 여간 힘든 일이 아니랍니다.
<보기>와 같은 그림 하나를 찾아 번호를 적어보세요.

월 일
풀이시간 2분

<보기>   <정답>

놀이 5	같은 그림 찾기	월 일
096	시원한 바람이 부는 마당에 앉아 족욕을 하고 있어요. <보기>와 같은 그림 하나를 찾아 번호를 적어보세요.	풀이시간 2분

<정답>

<보기>

놀이 5 · 097 피라미드 계산 놀이

더하기와 빼기를 적용하여 빈칸에 들어갈 숫자를 찾아보세요.

풀이시간 10분

<문제 1>

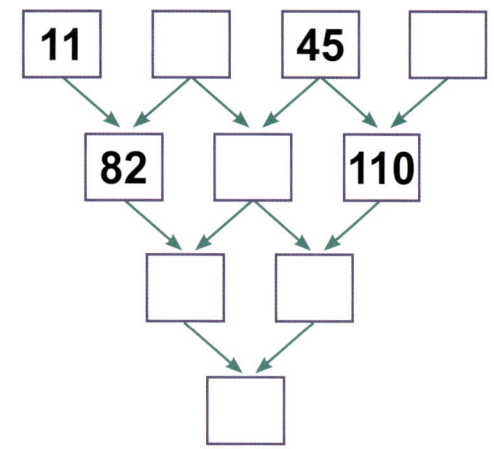

<문제 2>

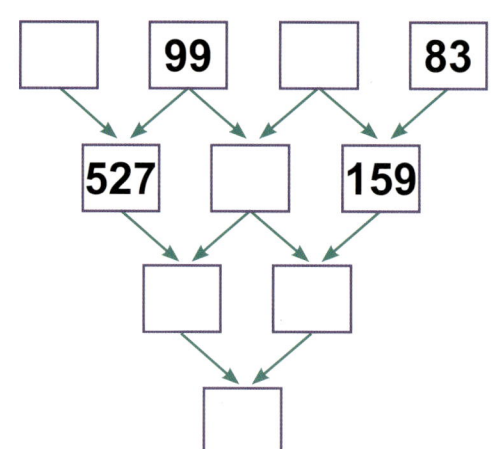

<문제 3>

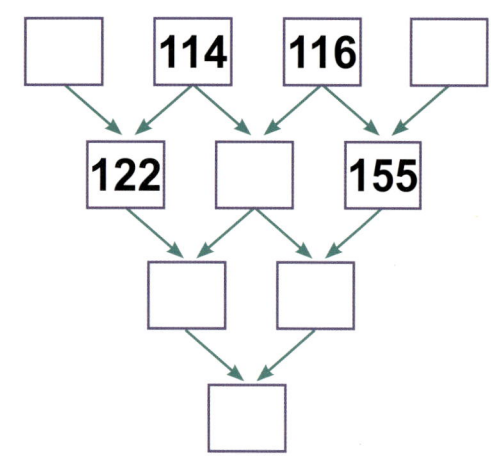

<문제 4>

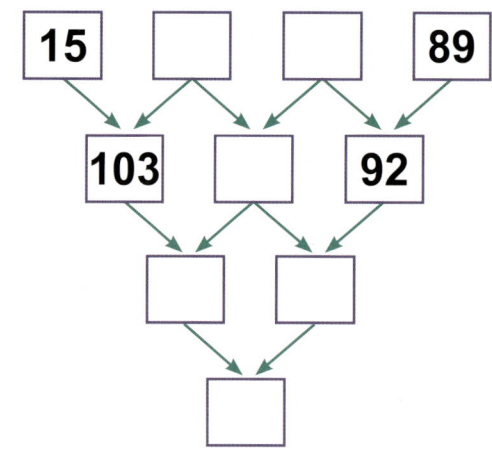

<문제 5>

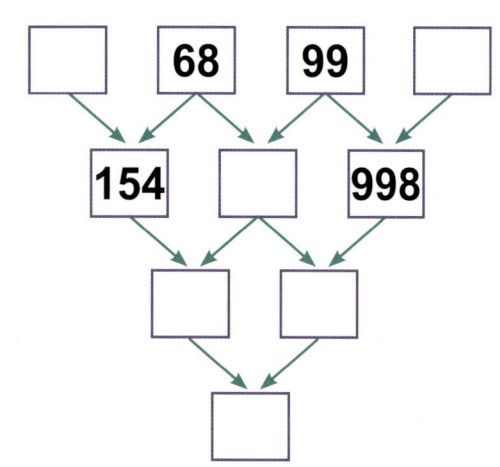

<문제 6>

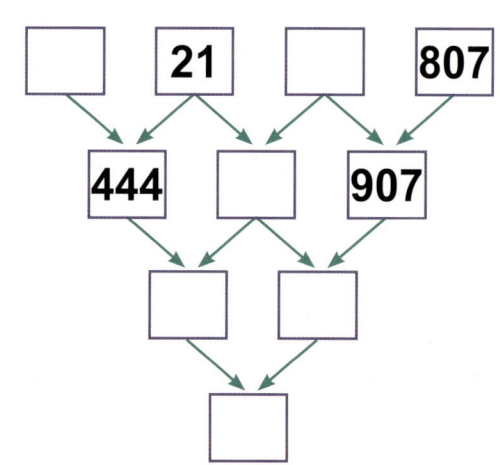

 **놀이 5 098** 성냥개비 계산 놀이

성냥개비를 한 개만 움직여서 계산식을 완성해 주세요.

 월 일
풀이시간 8분

<예시> 6+4=4

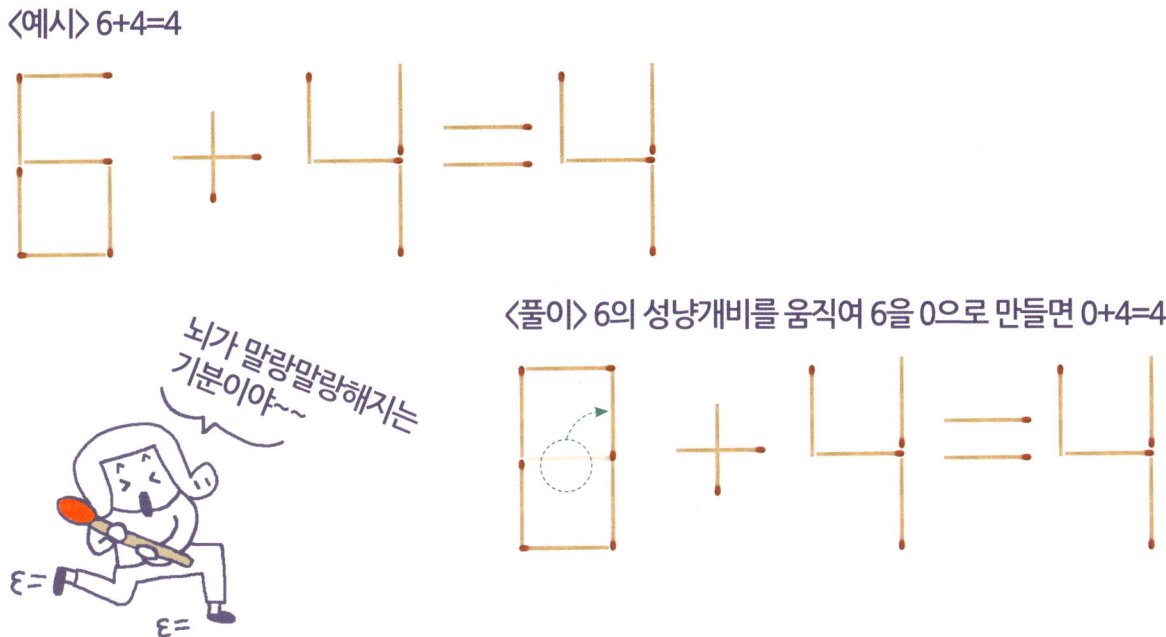

<문제 1> 5+9=11-2

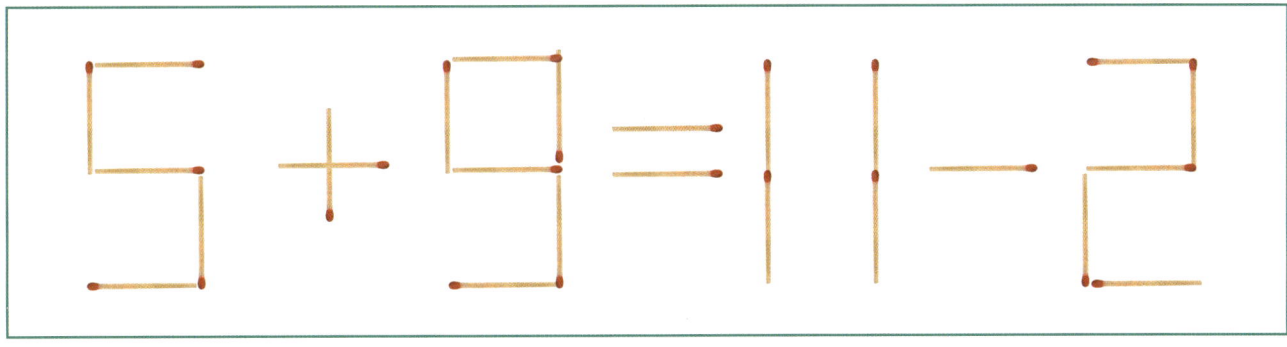

<문제 2> 10-7=7+5

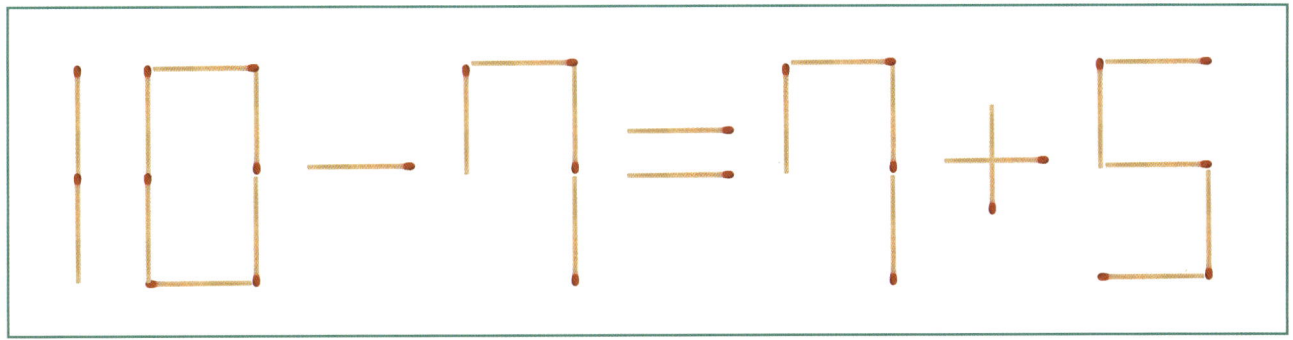

 **놀이 5 / 099**

여러 그림 중 다른 그림 찾기

싱싱한 과일과 채소로 만든 샐러드는 한 끼 보약이죠. 5개의 그림 중에 하나는 조금 다른 그림이에요. 다른 그림 1개를 찾아보세요.

 월 일

풀이시간 5분

〈정답〉

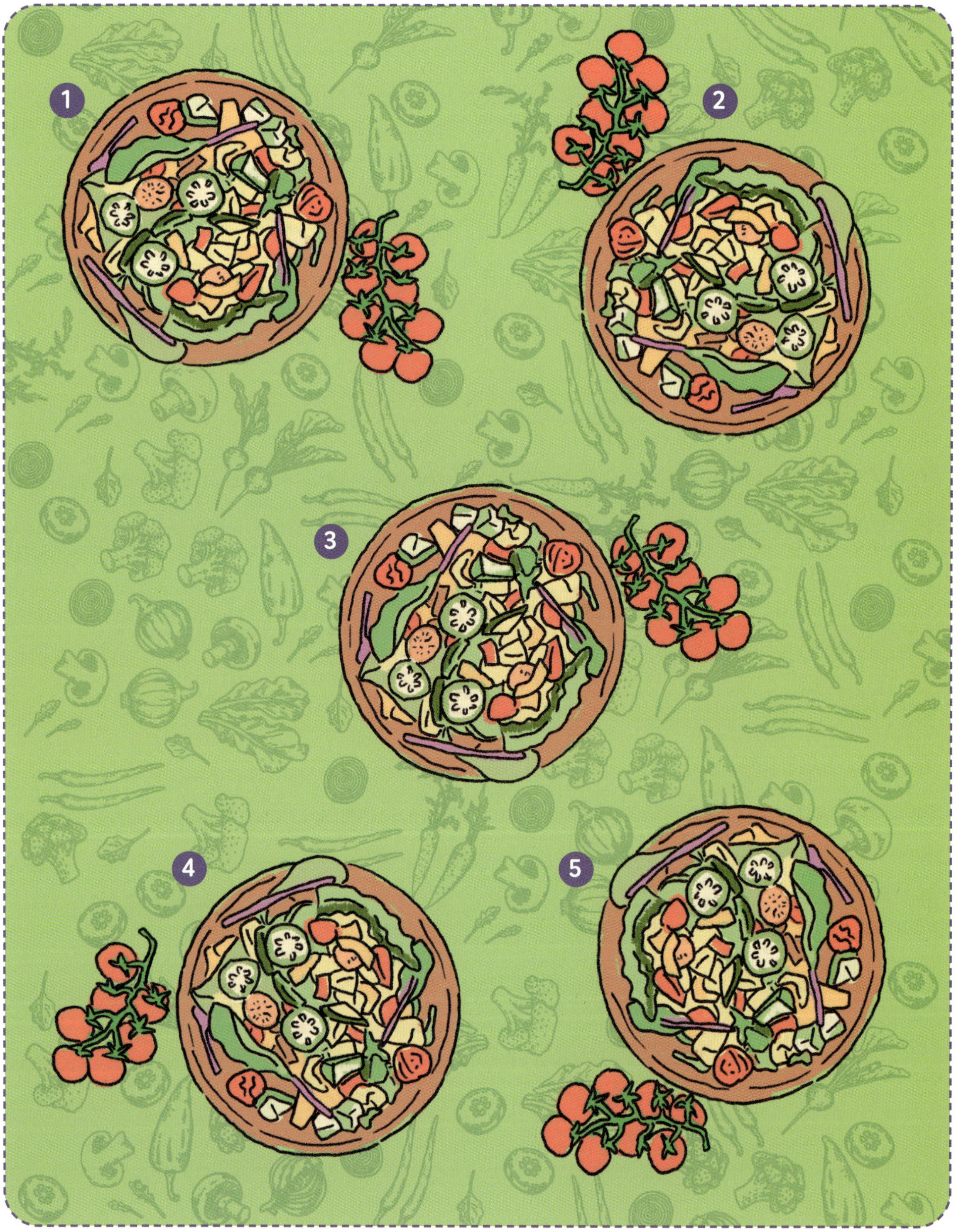

놀이 5
100

여러 그림 중 다른 그림 찾기

월 일

풀이시간 5분

건강한 식사 후에 달콤한 디저트는 행복 그 자체죠. 5개의 그림 중에 하나는 조금 다른 그림이에요. 다른 그림 1개를 찾아보세요.

〈정답〉

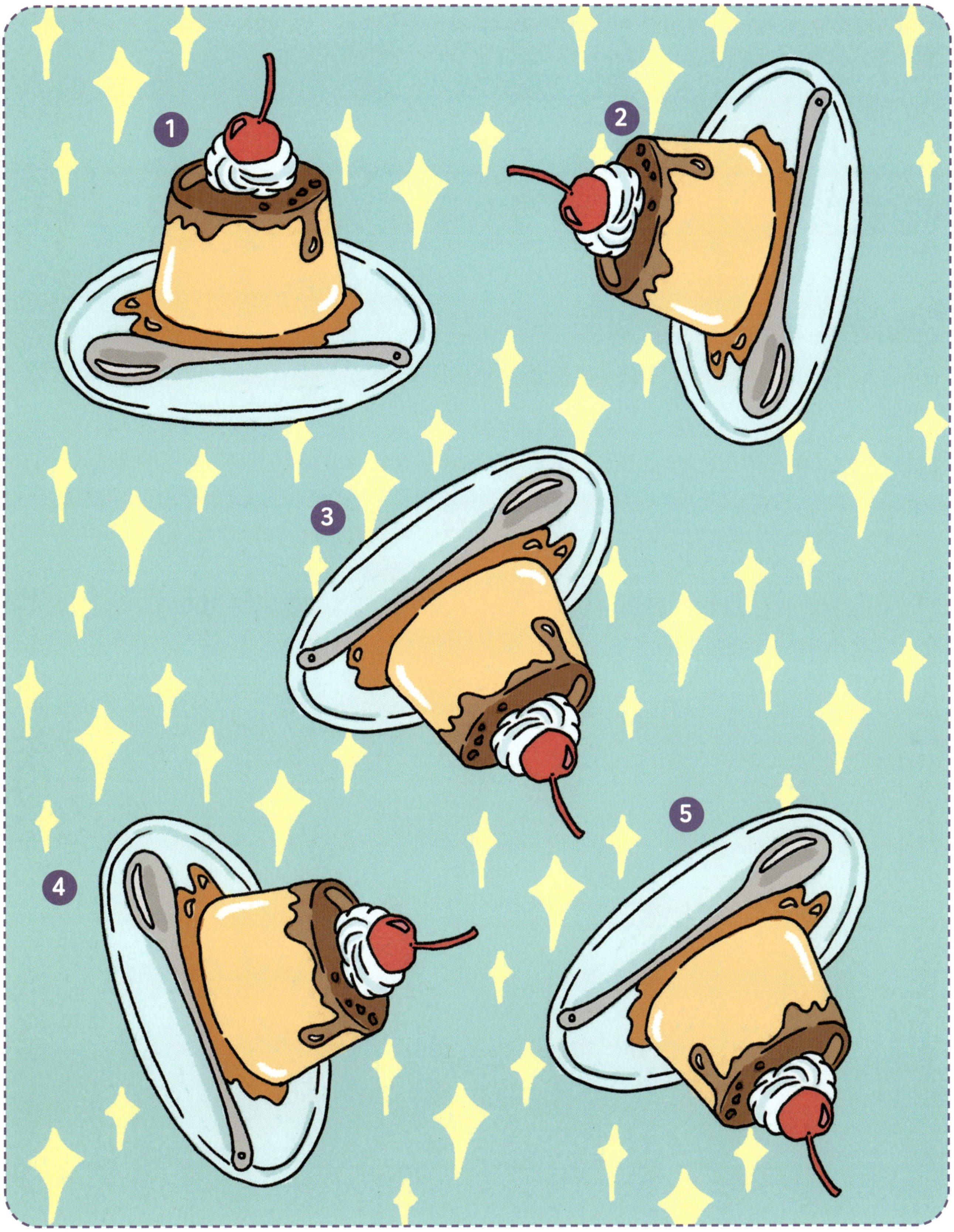

정답

001 6p ①   **002** 7p ④   **003** 8p

004 9p

005 10p

006 11p

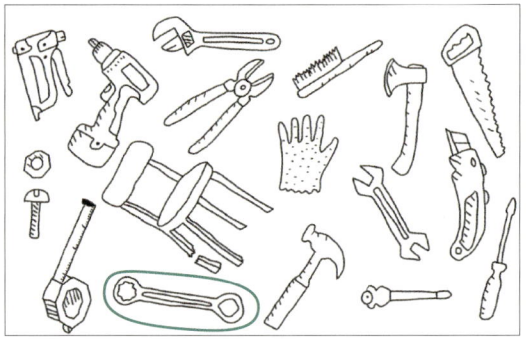

007 12p

008 13p

010 16p   ① 아니다
            ② 아니다
            ③ 그렇다

011 16p 〈문제 1〉 ③ 〈문제 2〉 ②

012

17p 〈문제 1〉

2	3	7	8	5	9	4	1	6
8	1	5	6	3	4	2	7	9
4	6	9	2	7	1	8	5	3
6	8	2	7	4	3	1	9	5
1	5	4	9	6	2	3	8	7
7	9	3	1	8	5	6	2	4
3	2	8	4	9	7	5	6	1
9	4	6	5	1	8	7	3	2
5	7	1	3	2	6	9	4	8

〈문제 2〉

5	2	6	3	8	9	4	7	1
8	4	9	7	1	6	2	5	3
1	3	7	2	4	5	6	9	8
3	1	4	8	5	2	7	6	9
6	7	2	4	9	3	1	8	5
9	5	8	1	6	7	3	2	4
7	9	5	6	3	1	8	4	2
4	6	1	5	2	8	9	3	7
2	8	3	9	7	4	5	1	6

013 18p

014 19p

015 20p ❺

016 21p ❷

017 22p ❹

018 23p ❸

019 24p

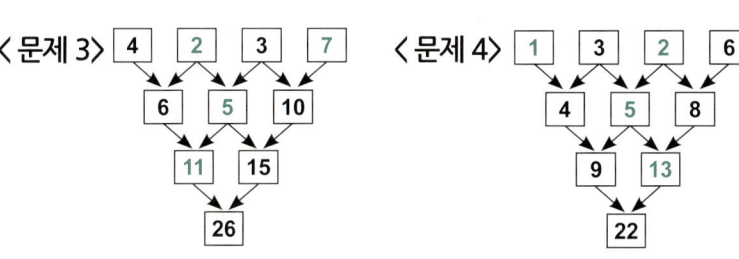

020 25p

¹3	²0			⁵		⁶1	4	1
3	8	⁴9	0			⁷	3	8
			2			5		
⁸1	⁹2	5			¹⁰3	0	3	
	5		¹¹5					
¹²7	5	0	0			¹³1	3	
3			¹⁴1	9	6	5		

021 25p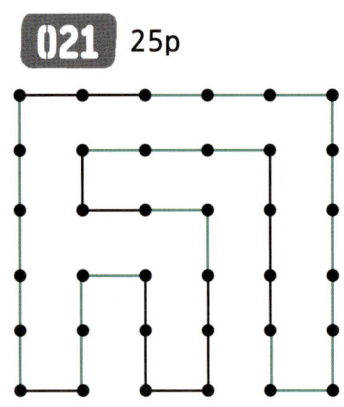

022 26p ①   **023** 27p ③

024 28p

025 29p

026 30p

027 31p

028 32p

029 33p

031 36p ① 그렇다
　　　　　② 아니다
　　　　　③ 아니다

032 36p

033 36p 마카롱

치즈케이크

만두

034 37p 〈문제 1〉 〈문제 2〉

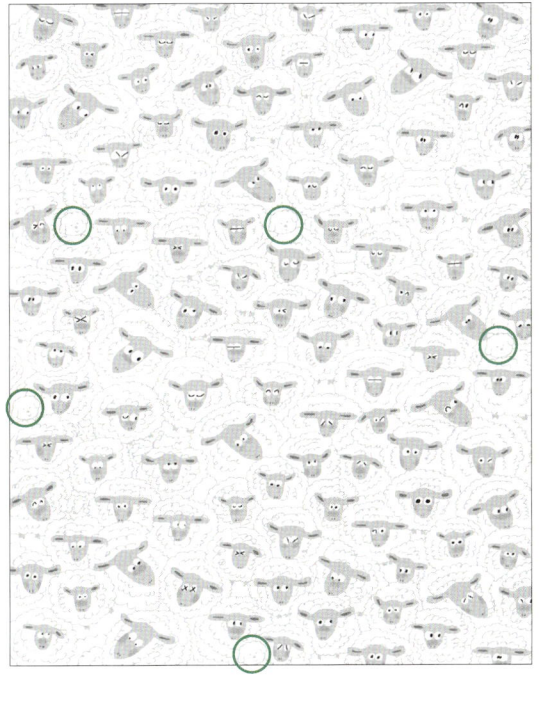

035 38p

036 39p

037 40p ③ **038** 41p ② **039** 42p ③ **040** 43p ④

041 44p

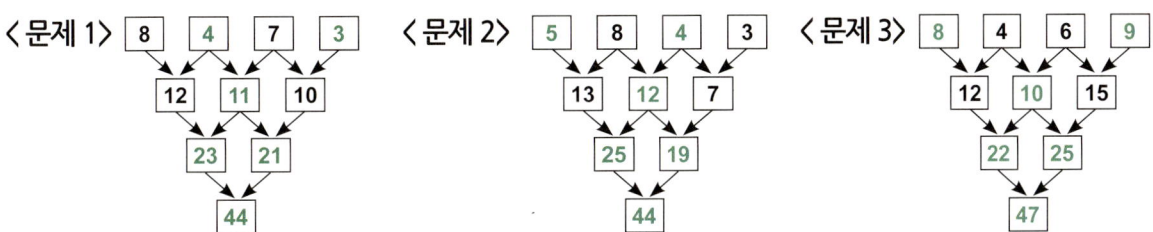

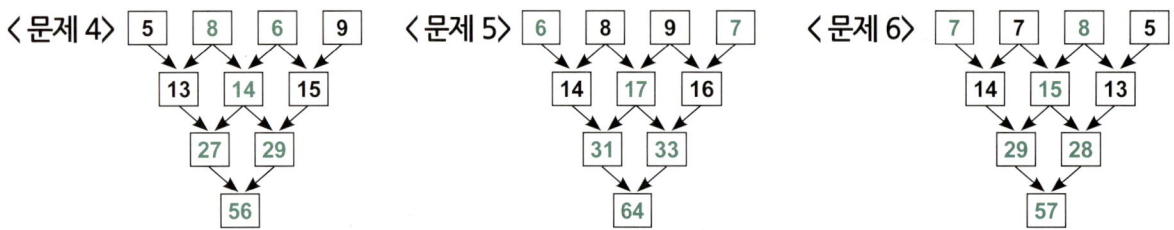

042 45p

자신감 업 〈정답〉 ①-ⓐ ②-ⓒ ③-ⓑ

043 46p ❷   **044** 47p ❸

045 48p

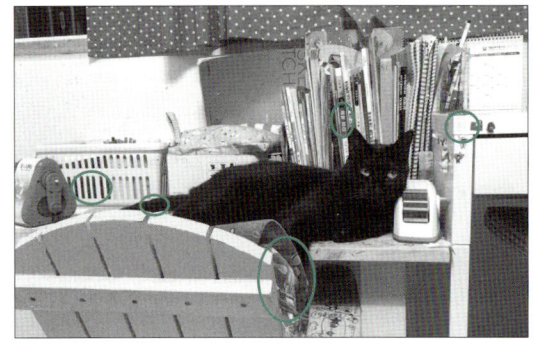

046 49p

047 50p

048 51p

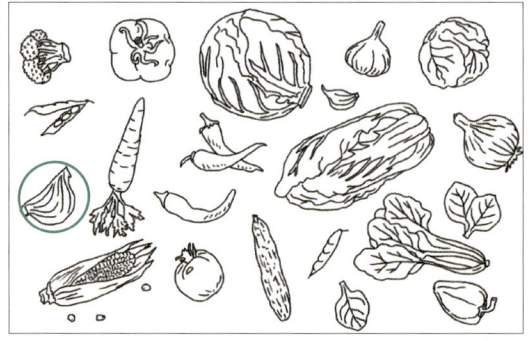

049 52p

050 53p

052 56p ① 아니다
② 아니다
③ 아니다

053 56p 〈문제 1〉 ❷   〈문제 2〉 ❷

054 57p 〈문제 1〉

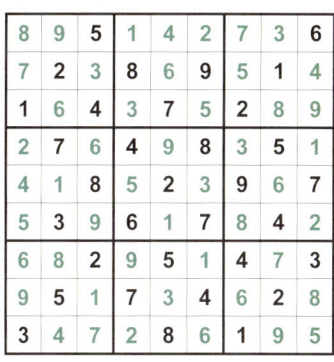

〈문제 2〉

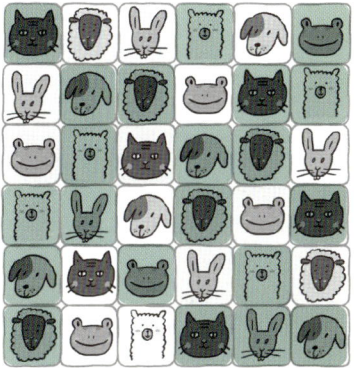

055 58p

056 59p 〈문제 1〉

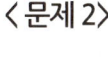

〈문제 2〉

057 60p ❺   **058** 61p ❷

059 62p ❸   **060** 63p ❺

061 64p

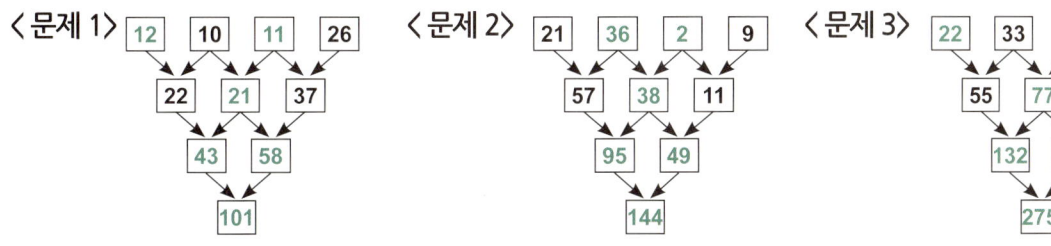

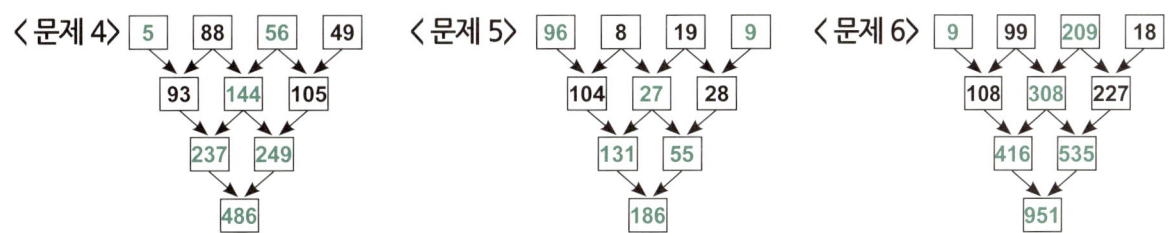

062 65p

1:3	2:2	3		4:8		6:7
6		3:9	9	9		2
					5:1	9
7:4	8:2	10:9	0		0	9
	9:5	1	1	6		
11:4				13:	1	8
12:8	6	1		14:2	6	3

063 65p

064 66p ④   **065** 67p ③

066 68p

067 69p

068 70p

069 71p

070 72p

071 73p

073 76p ① 아니다
② 그렇다
③ 아니다

074 76p

075 76p 방울토마토
체리
복숭아

076 77p 〈문제 1〉　〈문제 2〉

077 78p

078 79p
〈문제 1〉　〈문제 2〉

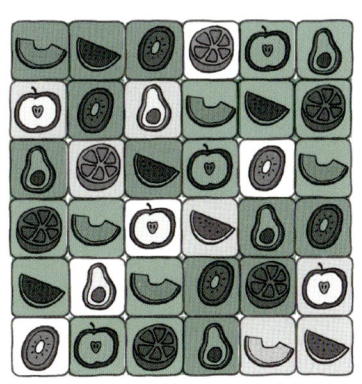

079 80p ⑤　**080** 81p ②

081 82p ③　**082** 83p ⑤

083 84p ①　**084** 85p ④

085 86p

086 87p

087 88p

088 89p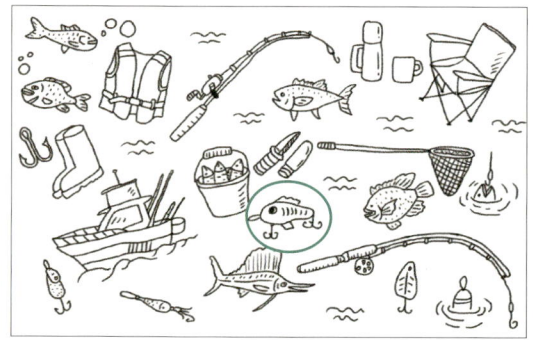

089 90p

090 91p

092 94p ① 아니다
② 아니다
③ 아니다

093 94p 〈문제 1〉 ❸ 〈문제 2〉 ❹

094 95p 〈문제 1〉

8	3	1	5	4	6	2	7	9
5	2	6	3	9	7	8	4	1
4	9	7	2	1	8	5	6	3
2	7	9	6	8	4	3	1	5
1	6	5	7	3	2	4	9	8
3	8	4	1	5	9	6	2	7
9	1	8	4	6	3	7	5	2
6	5	2	8	7	1	9	3	4
7	4	3	9	2	5	1	8	6

〈문제 2〉

9	5	7	1	2	6	8	3	4
1	3	4	8	9	7	5	2	6
6	8	2	3	5	4	9	1	7
2	6	9	4	3	1	7	8	5
8	4	3	6	7	5	1	9	2
7	1	5	2	8	9	4	6	3
5	7	8	9	6	3	2	4	1
3	9	1	7	4	2	6	5	8
4	2	6	5	1	8	3	7	9

095 96p ❸

096 97p ❶

097 98p

〈문제 1〉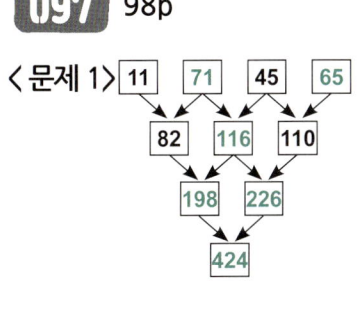

〈문제 2〉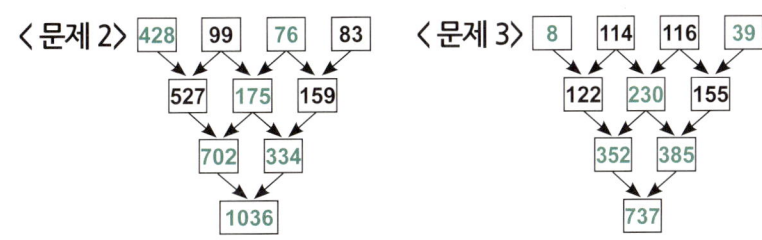

〈문제 4〉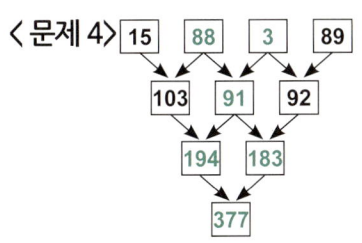

〈문제 5〉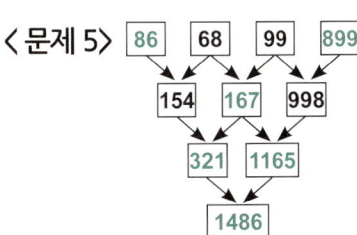

〈문제 6〉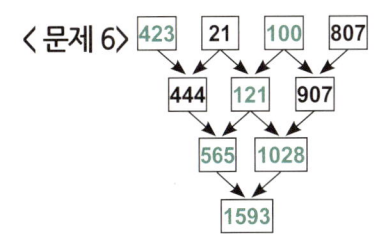

098 99p

〈문제 1〉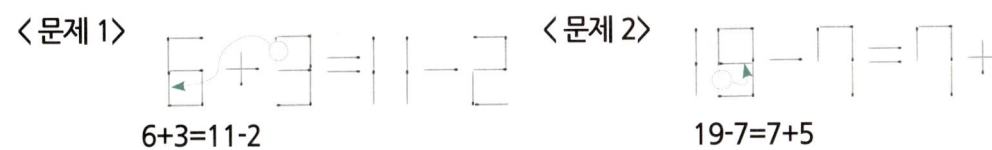

6+3=11-2

〈문제 2〉

19-7=7+5

099 100p ❹   **100** 101p ❸

3쇄 발행   2021 년 11 월 01 일

그 림 · 구 성   홍수미 muljus@nate.com

펴 낸 이   임형경
펴 낸 곳   라즈베리
마 케 팅   김민석
편   집   임단비

등   록   제 2014-33 호
주   소   (우 01364) 서울 도봉구 해등로 286-5, 101-905
대 표 전 화   02-955-2165
팩   스   0504-088-9913
홈 페 이 지   www.raspberrybooks.co.kr

I S B N   979-11-87152-28-6 (13690)

+ 이 책은 저작권법에 의해 보호받는 저작물이므로 무단 전재와 복제 , 전송을 금합니다 .
+ 저자와 협의하여 인지를 생략합니다 .
+ 잘못 만들어진 책은 구입하신 서점에서 교환해 드립니다 .